Beihefte zur Berliner Theologischen Zeitschrift
Theologie und Dekolonialität

Beihefte zur Berliner Theologischen Zeitschrift

―

Herausgegeben im Auftrag
der Humboldt-Universität zu Berlin
durch die Theologische Fakultät

2024

Theologie und Dekolonialität

XXX. Werner-Reihlen-Vorlesungen

Herausgegeben von
Torsten Meireis und Clemens Wustmans

DE GRUYTER

ISBN 978-3-11-133172-0
e-ISBN (PDF) 978-3-11-134835-3
e-ISBN (EPUB) 978-3-11-134838-4
ISSN 2748-8500

Library of Congress Control Number: 2023944646

Bibliografische Information der Deutschen Nationalbibliothek
Die Deutsche Nationalbibliothek verzeichnet diese Publikation in der Deutschen Nationalbibliografie; detaillierte bibliografische Daten sind im Internet über http://dnb.dnb.de abrufbar.

© 2024 Walter de Gruyter GmbH, Berlin/Boston
Einbandabbildung: Silvia Kienesberger, iStock/Getty Images Plus, #1404033023
Satz: Integra Software Services Pvt. Ltd.
Druck und Bindung: CPI books GmbH, Leck

www.degruyter.com

Inhaltsverzeichnis

Torsten Meireis, Clemens Wustmans
Theologie und Dekolonialität —— 1

Sarah Vecera
Kirche, Theologie, Dekolonialität und struktureller Rassismus —— 5

Simon Wiesgickl
(Alttestamentliche) Exegese dekolonialisieren —— 15

Stefan Silber
Kolonialität der Theologie —— 29

Torsten Meireis
Theologische Dekolonisierung —— 39

Nathalie Eleyth
Decolonize the Female Black Body! —— 53

Saphira Shure
Religion als migrationsgesellschaftliches „Schlüsselthema" —— 71

Henrik Simojoki
Dekolonialität, Rassismus und Bildung —— 83

Kollektiv *Decolonize Theology*: Jana Coenen, Lisa Koens, Antonia Meinert, Sarah Ntondele, Johanna Schade
„… denn sie hatten sonst keinen Raum in der Herberge" —— 95

Torsten Meireis, Clemens Wustmans
Theologie und Dekolonialität
Diskurse – Praktiken – situierte Perspektiven

Auch wenn die Aufarbeitung der kolonialen Vergangenheit Deutschlands inzwischen zunehmend zum gesellschaftspolitischen Tagesgeschehen gehört, ist es doch in der deutschsprachigen Theologie – jenseits der ausdrücklich als interkulturell apostrophierten Disziplin – merkwürdig still um das Thema. Postkolonialität erscheint dabei immer noch als Problemkontext ehemaliger Kolonien, nicht aber als Angelegenheit, die auch die Nachfahren der ehemaligen Kolonisten angeht. Allzu leicht möchte man dem Missverständnis erliegen, Postkolonialismus beziehe sich rein chronologisch etwa auf die Mitte des 20. Jahrhunderts, das Ende der meisten kolonialen Herrschaften in Afrika und Asien – oder sei ausschließlich auf jene unmittelbaren Strukturen des historischen Kolonialismus beschränkt. Gleichwohl ist es gerade aus christlicher Sicht selbstverständlich angezeigt, selbstkritisch die eigene Verstrickung in die kolonialen Herrschaftssituationen der Neuzeit zu reflektieren.

Und so haben umgekehrt der Kolonialismus, insbesondere aber auch eine bewusst oder unbewusst koloniale Weltsicht auch in der deutschsprachigen Theologie Spuren hinterlassen, wie nicht zuletzt dieser Band eindrucksvoll aufdeckt: Vom unhinterfragten Postulat der Universalität des europäischen Entwicklungspfades bis zur epistemischen Ausblendung der je eigenen Positionalität reichen die Normalitätsunterstellungen, die selbst christliche Religionskulturen jenseits des westlichen Christentums etwa als hilfsbedürftige *Andere* konstruieren und dadurch – trotz teils bester Absichten – Paternalismus und Rassismus Vorschub leisten. Zugleich freilich wächst auch in unserem Kontext die Wahrnehmung der Notwendigkeit eines dekolonialen Blicks und der Offenheit für die Kritik der je eigenen *blinden Flecke* – und auch dafür finden sich im Folgenden wichtige Beispiele.

Eröffnet wird der vorliegende Band durch zwei Beiträge, die die Notwendigkeit dekolonialen Denkens als Selbstkritik und insbesondere zur Adressierung von strukturellem Rassismus und eurozentrischen Machtasymmetrien thematisieren. *Sarah Vecera*, für die Vereinte Evangelische Mission (VEM) in Wuppertal tätig und wichtige öffentliche Akteurin auf dem Weg zu einer rassismussensiblen und -kritischen Kirche, zeigt strukturelle, individuelle, institutionelle und historische Dimensionen von Rassismus auf. Dieser *ereignet* sich nicht nur im Raum der Kirche – auch als Täterin in der Unterdrückung Marginalisierter muss Kirche noch zu oft beschrieben werden. Vecera schließt mit einem pointierten Blick auf notwendige prozessuale Lösungsperspektiven; auch dieser Band soll ja als ein Beitrag in genau diesem Sinne verstanden werden.

Der Alttestamentler *Simon Wiesgickl* ergänzt diesen einleitenden Blick mit einer exemplarischen Betrachtung der fortbestehenden Notwendigkeit zur Dekolonialisierung der (deutschsprachigen) Exegese als herrschaftsmächtiger akademisch-theologischer Disziplin. Nach Impulsen aus einer Nachzeichnung des selbstkritischen Blicks der Medienwissenschaften auf die eigene Fachkultur untersucht er hierzu Einführungsliteratur zum Alten Testament, referiert Stimmen aus der internationalen Diskussion und stellt abschließend seine eigenen Forschungsergebnisse mit der These vom *Alten Testament als deutscher Kolonie* vor.

Den Fortbestand kolonialer Herrschaft in den politischen und wirtschaftlichen Strukturen, aber auch im kulturellen Gedächtnis, in epistemologischen Zusammenhängen und damit in der Theologie adressiert der katholische Dogmatiker *Stefan Silber*. Dies gilt umso mehr angesichts konkreter kolonialer Verstrickungen der christlichen Theologien, gerade im Blick auf – spirituell aufgeladenen – Landbesitz. Abschließend benennt Silber Loslösung und Offenheit als Kennzeichen der dekolonialen Wende auch in der Theologie und konkret der theologischen Epistemologie.

Torsten Meireis benennt ebenfalls die Notwendigkeit von Dekolonisierung, im Sinne Mignolos verstanden als intellektuelle Kritik eines eurozentrischen Wissenssystems, das in den kolonisierenden Ländern entstanden ist und das seine Wirkung entfaltet, indem es Weltanschauungen und Epistemologien von bleibender Persistenz strukturiert, gerade auch, wo dies nicht ausdrücklich intendiert ist. Eine dekoloniale theologische Perspektive im globalen Norden müsse entsprechend eigene Kontextualität und Positionalität reflektieren, selbstkritisch die Perspektive der Unterdrückten priorisieren und die Formierung von Erfahrung und Erkenntnis durch die Unterdrückungspraxen kritisieren: Zielperspektive ist dann die Provinzialisierung Europas, ohne den Versuchungen von kulturellem Relativismus oder identitärem Essentialismus zu erliegen.

Die Bochumer Sozialethikerin *Nathalie Eleyth* blickt im Horizont intersektionaler Perspektiven auf die Notwendigkeit der Dekolonialisierung weiblicher Schwarzer Körper und bearbeitet mit ihrer Eintragung der Kategorie *race* in die evangelische Sexualethik ein bedeutsames Desiderat. Hypersexualisierung, Exotisierung oder Fetischisierung von Körpern aus und in einem kolonialen Machtraum werden als homogenisierend-entindividualisierende Imaginationen „Schwarzer Sexualität" entlarvt und in ihrer Stereotypisierung für intime Beziehungen ebenso diskutiert wie für das Feld der Pornographie. Eleyth legt mit ihrem Text ein beeindruckendes Plädoyer für eine evangelische Sexualethik im Dienst eines oppositionellen, Intersektionalitäten berücksichtigenden, widerständigen Blicks vor.

Saphira Shure, Inhaberin der Professur für Erziehungswissenschaft mit dem Schwerpunkt Rassismus- und Differenzforschung an der Universität Bielefeld, charakterisiert Religion als Schlüsselthema für die Migrationsgesellschaft und skizziert interdisziplinäre Perspektiven auf Rassismuskritik, Postkolonialität und Pädagogik. Insbesondere vor dem Hintergrund von Saids Orientalisierungs-These adressiert sie die Nutzung von Religion als Bezug für Dämonisierungs- und Ausschlusspraktiken, respektive zur Legitimierung von Ungleichbehandlung. Shure plädiert für Historisierungen und Unter-Brechungen hinsichtlich normalisierten Wissens im Bezug auf Religion und Religiosität sowie deren systematischen Einbezug in pädagogische Zusammenhänge; diese Normativität scheint gerade auch für eine dekolonial sensible Religionspädagogik ertragreich.

Aus religionspädagogischer Profession schließt daran der Beitrag von *Henrik Simojoki* an. Vor dem Hintergrund empirischer Befunde zu antimuslimischen Diskriminierungs- und Rassismuserfahrungen unter Jugendlichen, respektive im Kontext Schule fragt Simojoki nach islambezogener Religionssensibilität als genereller Aufgabe pädagogischer Professionalisierung und speziell der Religionspädagogik, um abschließend Potenziale interreligiöser Bildungsprozesse kritisch zu befragen.

Abgerundet wird der Band durch einen Beitrag des Kollektivs *Decolonize Theology*, namentlich vertreten durch die Autorinnen *Jana Coenen, Lisa Koens, Antonia Meinert, Sarah Ntondele* und *Johanna Schade*. Die ursprünglich von Studierenden aus Hamburg gegründete, inzwischen jedoch auch an anderen Standorten aktive Initiative fordert, interkulturelle Theologie und insbesondere postkoloniale Kritik in das Zentrum theologischen Nachdenkens zu rücken. Als Potenzial für die Gesamtheit der Theologie werden postkoloniale Ansätze als Chance beschrieben, auch „etablierte" Texte und das eigene theologische Denken kritisch zu befragen – hinsichtlich ihrer Situiertheit und zugleich ihrer globalen Verflechtungen, um so auch performativ dekoloniale Forderungen im eigenen Tun umzusetzen. Insbesondere zeigen die Autorinnen Perspektiven auf, wie in der akademischen Praxis der Theologie(n) Räume für dekoloniale Perspektiven und interkulturelle Ansätze eröffnet werden können, indem sie eine integrative theologische Lehre ebenso in den Blick nehmen wie digitale Strategien für die öffentliche Kommunikation von Theologie; hier bietet die Initiative *Decolonize Theology* mit ihrer Webpräsenz und insbesondere ihrem Instagram-Account selbst eindrucksvolle *best practice*-Beispiele.

Mit dem vorliegenden Beiheft zur Berliner Theologischen Zeitschrift wird der XXX. Jahrgang der Werner-Reihlen-Vorlesungen dokumentiert. Großer Dank gilt zunächst der Stifterfamilie Reihlen, die seit 1991 im Gedenken an den 1945 im Alter von 18 Jahren gefallenen Werner Reihlen die Förderung des Gesprächs der evangelischen Theologie mit anderen Wissenschaften unter Betonung des ethischen Gesichtspunktes ermöglicht.

Insbesondere dem am 19. November 2022 im Alter von 88 Jahren verstorbenen Helmut Reihlen gelten an dieser Stelle Dank und ehrende Anerkennung; gemeinsam mit Christof Gestrich rief er im Jahr 1991 die Stiftung ins Leben, die alljährlich am Buß- und Bettag die Werner-Reihlen-Vorlesungen in Berlin verantwortet. Sie wird bleibender Teil seines Vermächtnisses an der Schnittstelle von Gesellschaftspolitik und evangelischer Kirche sein, für die sich Helmut Reihlen Zeit seines Lebens an vielen Stellen engagiert hat.

Als Herausgeber bedanken wir uns herzlich bei allen Autorinnen und Autoren, die mit ihren Beiträgen vielfältige differenzierte Blicke auf die hochaktuelle Debatte um Post- und Dekolonialität ermöglichen und mit ihrer Bereitschaft zur Praxis des interkonfessionellen und interdisziplinären Gesprächs wichtige Impulse für das theologische Denken liefern. Für die gemeinsame Organisation und Durchführung der Werner-Reihlen-Vorlesungen gilt unser Dank dem gesamten Berliner Lehrstuhlteam, speziell Ole Rüter, Paula Binder und insbesondere Bettina Schön, die auch die vorliegenden Texte umsichtig redigiert hat. Schließlich danken wir den Herausgeberinnen und Herausgebern der Berliner Theologischen Zeitschrift sowie Dr. Albrecht Döhnert, Antonia Pohl und dem Team des Verlags de Gruyter für die gewohnt angenehme und unkomplizierte Zusammenarbeit.

Berlin, im Januar 2024

Sarah Vecera
Kirche, Theologie, Dekolonialität und struktureller Rassismus

Erst heute sprach ich mit einer Leitungsperson aus der Evangelischen Kirche über ein Podium zum Thema „Rassismus und Kirche", zu dem ich eingeladen wurde. Nach einem kurzen Gespräch über den Ablauf des Podiums sagte die Person sehr bestimmend zu mir: „Sie werden aber wohl bitte nicht sagen, dass die Kirche rassistisch sei!". Die Abwehrmechanismen sind groß und ein Verstehen darüber, was Rassismus im Kern und von seiner Funktion und Wirkung eigentlich bedeutet, ist in der Kirche nur sehr rudimentär vorhanden.

Daher möchte ich im Folgenden eine Definition von Rassismus vorstellen, die ich für sehr einprägsam und präzise halte.

1 Vorurteile – Macht – Rassenkonstrukt

Schon kleinste Kinder tragen Vorurteile in sich. Sie prägen uns von dem Moment an, wo wir anfangen, die Welt zu beobachten, und als erwachsene Menschen können wir oft gar nicht rekonstruieren, wo so manche Ressentiments eigentlich herkommen. Wenn diese Vorurteile zusammen kommen mit strukturellem Machtmissbrauch (z. B. im Bildungssystem, auf dem Arbeitsmarkt, Wohnungsmarkt, ...) und dies dann legitimiert wird durch ein Rassenkonstrukt, welches auf die Erfindung der biologischen Menschenrassen zurückzuführen ist und mit einer Verfremdung einhergeht, dann können wir von Rassismus sprechen.

Die Rassismusforscherin Susan Arndt ergänzt diese Definition gut, indem sie schreibt:

> Dem Rassismus geht es im Kern darum, die weiße „Rasse" mit samt dem Christentum, das als dem Weißsein inhärent verstanden wird, als vermeintlich naturgegebene Norm(alität) hinzustellen, um eigene Ansprüche auf Herrschaft, Macht und Privilegien zu legitimieren und zu sichern. (Arndt 2012, 15)

Die Hochphase der oben benannten Erfindung der biologischen Menschenrassen fand zur Zeit der Aufklärung statt. Eine Zeit, die bis heute auch sehr prägend für unsere sogenannte wissenschaftliche Theologie ist. Die Menschen konnten damals nicht einfach die Werte der Aufklärung hochhalten und gleichzeitig Menschen global ausbeuten. Dazu brauchte es einen Legitimationstrick, der besagte, dass das möglich sei, weil es Menschen erster Klasse gäbe und Menschen, die unterkategorisiert werden. Diese Entmenschlichung der vermeintlich Anderen hat funktioniert, weil Wissenschaft, Philosophie und Kirche dies moralisch und geistlich untermauert haben. Das ist ein Grund, warum es uns bis heute so schwer fällt, Rassismus aus der Welt zu schaffen und zu entlarven. Der Soziologe Aladin El-Mafaalani bringt das konkret auf den Punkt:

> Die Selbstverständlichkeiten der Gesellschaft sind rassistisch geprägt, denn fast alles, was die moderne Weltgesellschaft ausmacht, entstand in der Hochphase des Rassismus: Aufklärung, Wissenschaft, Globalisierung, Kapitalismus, Nationalstaaten und ihre Staatsbürgerschaften. (El-Mafaalani 2021, 8)

Von jeder Form der Diskriminierung sollten wir uns immer vier Dimensionen anschauen: die strukturelle, individuelle, institutionelle und historische.

Durch den Legitimationstrick der Aufklärung und die dadurch entstandene, bis heute anhaltende Empathielücke für Menschen, die zu „den Fremden" gemacht wurden, sind wir gerade als „gute Christ*innen" in der Kirche empört über den uns vorgeworfenen Rassismus, dass die individuelle Dimension vorrangig betrachtet und die anderen drei Dimensionen oft vernachlässigt werden. Das ist schade, denn diese drei Seiten können uns erst erklären, warum die Empörung so groß ist.

Die guten Absichten stehen für uns in der Kirche so sehr im Fokus, dass wir beim Thema Rassismus oft nicht sehen können, dass gut gemeint nicht gleich gut ist. „War ja nicht böse gemeint" reicht nur leider nicht aus, um nicht rassistisch zu sein. All die individuellen Streitereien über gute Intentionen lenken uns davon ab, die anderen drei Dimensionen von Rassismus überhaupt zu erkennen. Rassistische Denk- und Handlungsweisen sind nicht Sache der individuellen Einstellung, sondern in der Organisation der christlichen Gemeinschaft und des Miteinanders verortet. Nur so können wir Rassismus in Gänze betrachten und dem etwas entgegnen.

Die Autorin und Aktivistin Noah Sow betont in diesem Zusammenhang, dass „eine ‚Abneigung' oder ‚Böswilligkeit' gegen Menschen oder Menschengruppen keine Voraussetzung" für Rassismus ist, da Rassismus „keine persönliche oder politische ‚Einstellung', sondern ein institutionalisiertes System" sei, in welchem „soziale, wirtschaftliche, politische und kulturelle Beziehungen für weißen Alleinherrschaftserhalt wirken" (Sow 2009, 37). Somit fasst sie zusammen, dass „Rassismus [...] ein globales Gruppenprivileg [ist], das weiße Menschen und ihre Interessen konsequent bevorzugt" (ebd.).

Dieses System Rassismus erzeugt Ausgrenzungsmechanismen, die auf struktureller, institutioneller und individueller Ebene zum Tragen kommen. Der Begriff „struktureller Rassismus" ordnet es noch einmal konkreter ein. Ich orientiere mich an der Definition des Soziologen Aladin El-Mafaalani:

> Jede Gesellschaft wird durch historisch gewachsene Strukturen getragen, in die die Geschichte eingeschrieben ist. Daher kann man davon sprechen, dass Rassismus strukturell überall in Kultur und Gesellschaft verankert und damit in allen Bereichen wirksam war und ist. Genau das meint der Begriff ‚struktureller Rassismus', dass sich nämlich die Wirkung der rassistischen Geschichte überall entfaltet. Überall meint: in den gesellschaftlichen und kulturellen Tiefenstrukturen. (El-Mafalaani 2021, 40)

Zu dieser Gesellschaft zählt natürlich auch die Kirche, die durch ihre Missionsbewegungen in der Hochphase der Entstehung rassistischer Ideologien bis heute tief verstrickt ist im Entstehungsprozess von Rassismus.

Rassismus war auch in der deutschen Missionsbewegung nicht die Ausnahme, sondern die Regel. Ein struktureller Rassismus war somit auch in der deutschen Missionsszene verankert und prägte deren Tiefenstruktur (Missionstheologie, Missionspraxis, Missionspolitik etc.). Teil unserer Arbeit in der Vereinten Evangelischen Mission ist es, dem pro-aktiv bis heute tagtäglich entgegenzuwirken. Dazu haben wir internationale Organisationsstrukturen geschaffen, die es uns ermöglichen, von Grund auf kolonialkritisch und rassismussensibel zu arbeiten. Ohne die 1996 erfolgte Umstrukturierung und den darauffolgenden, 26 Jahre andauernden Lernweg, auf dem wir immer noch sind, wäre es – mit dem Rassismus in unserer DNA – nicht möglich, antirassistisch zu arbeiten.

Struktureller Rassismus bedeutet, dass Menschen aufgrund ihrer Gruppenzugehörigkeit benachteiligt werden und geringere Teilhabechancen (z. B. an Bildung, Arbeitsmarkt, Wohnungsmarkt, Gesundheitswesen etc.) haben. All das würde im Unsichtbaren passieren, wenn die weiße Dominanzgesellschaft sich nicht bewusst dafür entscheiden würde, es selbstkritisch in den Fokus zu nehmen.

Struktureller Rassismus schließt institutionellen Rassismus mit ein. Dieser zeigt sich zum Beispiel in privaten und staatlichen Institutionen, Organisationen und der Kirche.

Institutionelle Diskriminierung funktioniert ohne die direkte Einzeltat und ohne dass ein diskriminierendes Wort fällt. Sie funktioniert gleichzeitig, aber auch durch viele Einzeltaten. Menschen üben durch ihre institutionelle Position Macht aus und diskriminieren. Wenn die Institution dem nicht aktiv z. B. durch Organisationskultur und Beschwerdemanagement entgegen tritt, wird sie nicht frei von institutionellem Rassismus sein.

Es herrscht ein Mythos der Leistungsgerechtigkeit. In meinem Buch „Wie ist Jesus weiß geworden?" habe ich ein Kapitel darüber geschrieben, warum ich nicht Pfarrerin geworden bin. Das hatte intersektionale Gründe: Rassismus, Sexismus und Klassismus. (Vecera 2022, 48) Rassismus zeigte sich hier als Ergebnis einer Gleichbehandlung, die die unterschiedlichen Voraussetzungen von Personen nicht berücksichtigte.

Dem zugrunde liegt in der Kirche vor allem der sogenannte Mythos der Gleichheit, den ich noch einmal an einem Beispiel aus der Jugendarbeit verdeutlichen will: Ein Jugendreferent will einer Person of Color deutlich machen, dass im Jugendtreff alle willkommen sind und hier kein Platz für Rassismus ist und sagt: „Weißt du, wir machen hier keinen Unterschied und sehen keine Hautfarben!"

Die afroamerikanische Autorin bell hooks nennt es „the myth of sameness" – „Wir sind doch alle gleich" (hooks 1992, 167). Die Haltung: „Diversitätsmerkmale sind für mich zweitrangig und spielen keine Rolle" ist problematisch. Diversitätsdimensionen (Alter, Herkunft etc.) sollten eine viel größere bewusste Rolle spielen. Die Aussage „Für mich sind alle Menschen gleich" negiert unterschiedliche Positionierung und unterschiedliche (kollektive) Erfahrungen in dieser Gesellschaft.

2 Kontext Kirche

Bei institutionellem Rassismus handelt es sich um ein komplexes und schwer fassbares Phänomen. Es ist daher schwierig, ihn zu entlarven, aber anhand einiger Beispiele versuche ich, das Phänomen innerhalb der Institution Kirche sichtbar zu machen.

Natürlich kann jedes Beispiel hinterfragt werden, aber dieser Text versteht sich – wie ich mich selbst – nicht als fertig und soll zum weiteren Nachforschen und Denken anregen.

Es sind einzelne Beispiele, aber anhand der Definitionen will ich deutlich machen, dass es keine Einzelfälle sind und dahinter ein System steckt.

Die kirchliche Zeitschrift Zitronenfalter publizierte ihre erste Ausgabe 2022 unter dem Titel „Das Fremde und Wir". (Kirche für Morgen 2022) Auf dem Cover steht der Titel auf einem älteren Koffer geschrieben, der von zwei Händen gehalten wird. Eine Hand ist Schwarz und die andere weiß. Das Bild suggeriert, wer fremd und wer das „wir" ist.

In einer Publikation der *Evangelischen Mission Weltweit* geht es um das Thema „Korruption und Transparenz". (EMW 2011) Auf dem Titelbild sehen wir eine dreckige, arm wirkende Schwarze Hand, die dreckiges Geld in den Händen hält. Es wird deutlich, an wen sich der Korruptionsvorwurf richtet.[1]

Ein Pfarrer erhält während des Besuchs einer Partnerschaftsgruppe aus Tansania von einem Pfarrkollegen einen Ratschlag: „Sag den Gästen 8:30 Uhr, wenn du 9 Uhr meinst. So machen die das da unten auch."

---

[1] Die Abbildung ist auf der Homepage der EVM zu finden: https://mission-weltweit.de/de/themen-schwerpunkte/transparenz-und-korruptionsvermeidung/ (zuletzt abgerufen am: 30.3.23).

Die Gegenüberstellung „wir" und „die anderen" wird in schärfster Form aufrechterhalten. Gerade in einer Migrationsgesellschaft wie Deutschland sollten wir uns mittlerweile allerdings fragen: Wer sind „die anderen"? Denn laut Mikrozensus haben 26% aller Erwachsenen und 41% aller Kinder unter sieben Jahren Migrationsgeschichte.

Dennoch werden in der weltweiten Ökumene gerne die Narrative „typisch deutsch – typisch afrikanisch – typisch asiatisch" aufrechterhalten und sogar als etwas Besonderes betont. Das macht es nur noch schwerer, die dahinterliegende Problematik zur Sprache zu bringen.

Eine gängige Wirkweise von Rassismus ist die Homogenisierung, die, wie die erwähnten Beispiele aus der Kirche – und vor allem der Ökumene – zeigen, wunderbar funktioniert. Es kommt nicht auf das Individuum an, sondern auf das Kollektiv, das undifferenziert betrachtet wird.

Astrid Messerschmidt hat bereits 2010 weitere Distanzierungsmuster herausgearbeitet. Sie spricht zudem von Kulturalisierung, wenn „Kultur" als die „quasi Rasse" verwendet wird oder von Naturalisierung, wenn Verhaltensweisen und Persönlichkeit als vererbbar angesehen und nicht als geprägt von Sozialisierung oder Lernprozessen wahrgenommen werden. So werden z. B. Rhythmus- und Zeitgefühl als naturgegeben hingenommen.

3 Theologische Lehre

Die Problematisierung einer eindimensionalen theologischen Lehre nimmt allmählich zu, vor allem durch die Einforderungen studentischer Bewegungen (wie z. B. Theoversity und Decolonize Theology). Bislang wurde kontextuelle Theologie nur als etwas verhandelt, was die „Theologie der anderen" ist. Unsere Theologie wurde dadurch unausgesprochen als Norm deklariert, da der deutsche *weiße* Kontext nicht als eigener Kontext benannt wurde. Jedoch stellt sich die Frage, was ein Kontext und was die Norm ist, wenn 70% der Christ*innen weltweit People of Color sind. Wir sollten uns gerade in der theologischen Lehre verstärkt fragen: Wer spricht und wer wird zitiert?

Tillmann Severin berichtet in *My white male bookshelf*, dass er alle Bücher von *weißen* Männern umgedreht im Bücherregal stehen hat.[2] Was bliebe da in theologischen Bibliotheken in Deutschland übrig?

---

2 https://literaturwissenschaft-berlin.de/my-white-male-bookshelf-tillmann-severin/ (zuletzt abgerufen am 21.06.23).

Wir sollten uns vor Augen führen:
- Wer schrieb und lehrte Theologie vom 16. Jahrhundert an?
- Wer schrieb und lehrte Philosophie vom 16. Jahrhundert an?
- Wie ist Augustinus von Hippo als Nordafrikaner eigentlich *weiß* geworden?
- Wie ist Jesus *weiß* geworden?

Diese Beispiele sind keine Zufälle und das *Weiß*-Sein Jesu hat eine Tradition von weißer Vorherrschaft von der Sklaven- über die Kolonial- bis hin zur Zeit des Nationalsozialismus. Dennoch hält sich der *weiße* Jesus mehrheitlich bis heute global: in Krippen, Kirchen und Kinderbibeln.

4 Kirche als Täterin in der Unterdrückung marginalisierter Menschen

Desmond Tutu hat einmal gesagt: „When the missionaries came to Africa, they had the Bible and we had the land. They said: ‚Let us pray.' We closed our eyes. When we opened them, we had the Bible and they had the land."[3]

Kirche ist in den vergangenen Jahren sehr oft zur Mittäterin in der Unterdrückung marginalisierter Menschen geworden. In der Initiative #outinchurch wurde vor allem in der Katholischen Kirche deutlich, welch unterdrückerisches Potenzial im Christentum steckt. Im BIPoC-Netzwerk der Kirche tauschen wir uns regelmäßig über Unterdrückungserfahrungen im Raum der Kirche aus. Und auch die Aufdeckungen um die Skandale um sexualisierte Gewalt in der Kirche haben dieses Potenzial deutlich ans Tageslicht gebracht. Die unzureichende Aufarbeitung des Genozids an den Nama und Herero im heutigen Namibia ist ein weiteres Beispiel dafür, dass die Kirche sich ihrer diskriminierenden, unterdrückerischen Seite unzulänglich stellt.

Auch das Narrativ „Schwarz sind die Armen – *weiß* sind die Helfenden" verstärkt diese Machtachse letztendlich und lässt sie durch die gute Intention nur schwer hinterfragen.

---

3 zitiert nach: https://www.britannica.com/quotes/Desmond-Tutu (zuletzt abgerufen am: 30.3.23).

4.1 Fehlende Sensibilisierung für Abwehrmechanismen

Menschen aus unterschiedlichen Ebenen und Bereichen der Kirche berichten mir immer wieder, wie groß die Abwehrhaltungen gegenüber dem Ansprechen von Rassismus sind. Der Vorwurf des Rassismus wird nicht selten skandalisiert, und der Skandal ist letztendlich größer als der rassistische Tatbestand selbst. Nicht selten erleiden diejenigen, die rassistische Vorfälle ansprechen, eine sogenannte Täter*innen-Opfer-Umkehr.

An einem Beispiel aus dem Konfirmationsunterricht will ich das deutlich machen:

Ein Mitarbeiter verwendet ständig das N-Wort im Unterricht, um etwas zu erklären. Einer der Konfirmand*innen ist Person of Color und erzählt das seiner Mutter. Diese meldet sich vertrauensvoll beim Pfarrer, um das Problem anzusprechen. Sie verwendet das Wort „Rassismus". Der Pfarrer ist empört darüber, dass sie seinem jahrelangen Mitarbeiter Rassismus unterstellt.

4.2 Die Reproduktion des Rasse-Begriffs im Evangelischen Gesangbuch

Subtiler Rassismus steckt nicht nur in unseren Verhaltensweisen, sondern auch in unserem Gesangbuch. Am deutlichsten wird dies im Lied „Herr deine Liebe ist wie Gras und Ufer":

> Herr, deine Liebe ist wie Gras und Ufer,
> wie Wind und Weite und wie ein Zuhaus.
> Herr, du bist Richter! Du nur kannst befreien,
> Wenn du uns freisprichst, dann ist Freiheit da.
> Freiheit, sie gilt für Menschen, Völker, Rassen,
> So weit, wie deine Liebe uns ergreift.
>
> (EG 653)

4.3 Rassistische Fremdbezeichnungen in der Bibel

Auch in der Bibel selbst wird Rassismus durch rassistische Begriffe reproduziert.

> Bei dem Begriff „M." handelt es sich um die älteste deutsche Bezeichnung für schwarze Menschen, die seit ihrer Entstehung negative Aspekte beinhaltete. Das Wort geht einerseits auf das griechische „moros" zurück, das „einfältig", „dumm" oder auch „gottlos" bedeutet, andererseits auf das lateinische „maurus", welches „schwarz", „dunkel" oder „afrikanisch" bedeuten kann. Daraus entwickelte sich das althochdeutsche „mor" und schließlich „Mohr".

Auch in der Tradition Luthers wurde aus der hebräischen Vokabel „Kuschit" ein „Rasse"-Begriff:

> Mit „Kuschit" ist ein Mensch aus einer Region Afrikas gemeint, die heute Äthiopien zugerechnet wird, aus „dem Lande Kusch". Die Übersetzer verlagerten den Fokus von der Geografie (ein Mensch aus einer bestimmten Region) auf die Gattung (ein Mensch der Sorte „Schwarz"). (Wollrad 2018)

„Wir haben ja keine People of Color in der Kirche!"

Dieser Vorwurf wird mir nicht selten entgegnet, wenn ich erkläre, dass Kirche für People of Color kein sicherer Raum ist. Die Beobachtung an sich bestätigt letztendlich aber schon das Problem. Sollte man beispielsweise keine diversen Bewerbungen erhalten, ist das ein gutes Feedback, und man sollte sich die Frage stellen, wie man von potenziellen Bewerber*innen gesehen und wahrgenommen wird?

„Also bei uns fühlen sich alle People of Color wohl – hat sich noch nie jemand beklagt!"

Auch diese Aussage begegnet mir oft und ich antworte darauf mit der These: Je mehr Menschen Diskriminierung fürchten, desto mehr Stille gibt es im Raum! Scham und Angst bringen Menschen zum Schweigen. Im BIPoC-Netzwerk der Kirche gibt es viele Menschen, die ihr Schweigen über Rassismus in einem geschützten Raum reflektieren und Heilung erfahren.

5 Prozessuale Lösungsperspektiven und Herausforderungen

Ich sehe vor allem einen dreifachen Handlungsbedarf in der Organisationsentwicklung für die Evangelische Kirche in Deutschland: Repräsentation, Teilhabegerechtigkeit, Diskriminierungsschutz.

Alle drei Aspekte sind bislang unzureichend in der Kirche realisiert für Menschen, die negativ von Rassismus betroffen sind. Zudem bedarf es einer externen Beratung. Kirche müsste sich extern und unabhängig rassismuskritisch beraten lassen. Institutionelle Diskriminierung wird durch Hierarchien aufrechterhalten. Diversitätsbeauftragte sind wichtig – selbst die gibt es aber nicht flächendeckend. Außerdem beschäftigen sich Antidiskriminierungsstellen lediglich mit Einzelfällen und haben gar keine Chance, das System dahinter bis auf die Substanz zu ändern. Das wäre für einen tatsächlichen Transformationsprozess aber dringend notwendig. Externe Beratung könnte dahingehend ein erster Schritt sein.

Viele Menschen fragen mich oft, warum ich die erste bin, die ein Buch über Rassismus und Kirche geschrieben hat. Ich denke, es hat auch damit zu tun, dass ich von der Kirche nicht direkt abhängig bin. Viele andere können sich solch eine Kritik gar nicht leisten, weil sie in Abhängigkeiten stecken und in ihrem alltäglichen Leben erfahren, wie die Kirche mit Abwehr auf Rassismusvorwürfe reagiert.

Eine Institution braucht immer Hilfe von außen, um sich rassismuskritisch zu beleuchten und zu hinterfragen, da Rassismus innerhalb der Institution immer zu verwoben ist.

Diskriminierung ist immer auch Teil der Institution, weil wir Menschen alle innerhalb von Systemen geprägt und gefangen sind und unsere Traditionen und Denkmuster in die eigene Institution hineintragen.

In einer Zeit, in der Kirche sich ständig mit ihren sinkenden Mitgliedszahlen auseinandersetzen muss, sollte sie dringend an ihrer Außenwirkung arbeiten, um ihre gesellschaftliche Anschlussfähigkeit und Attraktivität als Arbeitgeberin nicht zu verlieren. Das wäre meiner Ansicht nach schon allein aus betriebswirtschaftlichem Interesse nötig, und so wird sie nicht um Rassismuskritik herum kommen.

6 Zusammengefasst und auf den Punkt: Was braucht es?

- Klare Leitungshaltung
- Diversitätssensibilität und Diskriminierungsschutz im Leitbild und in der Kommunikation
- Post- und dekoloniale Perspektiven als Querschnittsthema
- Implementierung von Strukturen für Diskriminierungsschutz und Beschwerdemanagement
- Empowerment für People of Color
- Antirassismustrainings für *weiße* Menschen
- Dialogfähigkeit
- Räume zum Austausch und miteinander Lernen
- Geschützte Räume und Netzwerke
- Diversitäts- und diskriminierungssensible Angebote und Konzepte
- Wissenschaftliche Forschung (historisch, IST-Zustand, Perspektiven)
- Rassismuskritik als seelsorgerliches Thema

Literaturverzeichnis

Arndt, Susan. 2012. *Die 101 wichtigsten Fragen – Rassismus*. München: C.H. Beck.
El-Mafaalani, Aladin. 2021. *Wozu Rassismus? Von der Erfindung der Menschenrassen bis zum rassismuskritischen Widerstand*. Köln: KiWi.
Evangelische Mission Weltweit (EVM). 2011. Korruption und Transparenz. Rechenschaft in ökumenischen Beziehungen. Weltmission heute 72. Hamburg: EMW.
Evangelisches Gesangbuch (EG). 1996. Ausgabe für die Evangelische Kirche im Rheinland. Gütersloh: Gütersloher Verlagshaus.
Hooks, Bell. 1992. *Black looks: Race and Representation*, Boston: South End Press.
Sow, Noah. 2009. *Deutschland Schwarz weiß*. München: Goldmann.
Vecera, Sarah. 2022. *Wie ist Jesus weiß geworden*. Stuttgart: Patmos.
Wollrad, Eske. 2018: „Wie kommt der ‚Mohr' in die Bibel? Rassismus aktuell." *Missionspresse* 1: 13. https://www.benkhumalo-seegelken.de/menschenrechte/2766-eske-wollrad-wie-kommt-der-mohr-in-die-bibel-rassismus-aktuell/ (zuletzt abgerufen am: 30.3.23).
Kirche für Morgen. 2022. „Das Fremde und Wir." *Zitronenfalter* 1. https://www.kirchefuermorgen.de/2022/08/zitronenfalter-01-2022/ (zuletzt abgerufen am: 30.3.23).

Simon Wiesgickl
(Alttestamentliche) Exegese dekolonialisieren

Bereits im Jahr 2000 versammelte der Bibelwissenschaftler Fernando F. Segovia mehrere seiner Artikel zu Geschichte und Methodik der Neutestamentlichen Wissenschaft unter dem Titel *Decolonizing Biblical Studies*. Ein starkes Signal, um eurozentrische Ansätze in der Exegese zu überwinden und die Stimmen von den Rändern zu integrieren. Segovia zeichnet die Aufbrüche der Disziplin seit den 1970er Jahren nach und plädiert dafür, verschiedene diachrone und synchrone Ansätze nebeneinander stehen zu lassen. Schließlich begründet er ausführlich seine Selbstverortung als postkolonialer Exeget. Und damit als selbstkritisch, ideologiekritisch und interessiert an imperialen Strukturen und Denkmustern durch die Zeiten hindurch. Wichtig ist Segovia, dass sein postkolonialer Ansatz einer unter vielen anderen ist und einer, der keineswegs als überlegen angesehen werden solle (Segovia 2000, 131).

Legt man diese Selbstbeschreibung zugrunde und berücksichtigt darüber hinaus die in rascher Folge von R.S. Sugirtharajah vorgelegten historischen und methodologischen Schriften zu postkolonialer Exegese (Sugirtharajah 2001; 2002; 2003; 2005; 2012), so könnte man meinen, gute zwanzig Jahre später müsste das Thema doch endgültig durch sein. Weit gefehlt!

Zwar beschäftigen sich inzwischen alle theologischen Fächer auch im deutschsprachigen Raum mit den Themen der Postkolonialen Theologie, doch fällt die Intensität ziemlich unterschiedlich aus: Während zum Beispiel die Interkulturelle Theologie eine umfangreiche Dekolonialisierung des eigenen epistemologischen Ansatzes durchbuchstabiert hat, stehen insbesondere die biblischen Fächer hier noch ganz am Anfang. Das hat Gründe, die, neben der Fachdisziplin und ihren Vertreter*innen in der deutschsprachigen akademischen Theologie, auch den Blick der postkolonialen Theologie auf die Exegese mit beinhalten. Hier gibt es nicht nur ein unausgesprochenes Nebeneinander, sondern auch öfters ein dezidiertes Gegeneinander (vgl. Wiesgickl 2022, 903–906).

In meinem Artikel möchte ich dies aufbrechen und beginnen, die biblischen Fächer zu dekolonialisieren. Dazu skizziere ich beispielhaft den selbstkritischen Blick der Medienwissenschaften auf die eigene Fachkultur. Anschließend untersuche ich einige Einführungswerke des Alten Testaments und schaue, ob und wie sich Ansätze zur Dekolonialisierung widerspiegeln. Ich referiere Stimmen aus der internationalen Diskussion und stelle schließlich in einem abschließenden Schritt meine eigenen Forschungsergebnisse mit der These vom Alten Testament als einer deutschen Kolonie als einen der wenigen Beiträge zur Dekolonialisierung (vgl. Silber 2021, 31–43) vor.

1 Zur Notwendigkeit eines kritischen Lageberichts: Anfragen aus einer Nachbardisziplin

„Medienwissenschaft zu betreiben, bedeutet immer auch, sich zu fragen, was die Voraussetzungen und Bedingungen der eigenen Forschung sind." (Figge et al. 2022, 1) Was in einem Heft der *Zeitschrift für Medienwissenschaft* (ZfM) über das Selbstverständnis der Disziplin formuliert wird, könnte so ähnlich auch für die Theologie gelten. Folgt man dem kritischen Anliegen der Medienwissenschaftler: innen und versteht Rassismus als eine „Infrastruktur" und ein „vielschichtiges System" (Auma 2017), so wird deutlich, dass nicht nur die Medienwissenschaft, sondern auch die Theologie vor der Aufgabe steht, einen Lagebericht vorzulegen. Theologie ist als Wissenschaft und Wissenschaftskultur analog zur Medienwissenschaft herrschaftsmächtig und eine Befragung der eigenen Wissenschaftskultur auf Rassismus und Kolonialismus scheint mehr als angebracht. Denn auch die Theologie versteht sich als Meta-Wissenschaft und kann selbst als Produkt historischer Bedingtheiten nachgezeichnet werden, wie dies für die Medienwissenschaft propagiert wird (Alkin, Gözen und Pinkrah 2022, 11). Rein optisch und haptisch fällt das Sonderheft der Medienwissenschaftler:innen auf: Weiß auf weißem Grund steht ein X im Titel der Ausgabe. Dies soll ein Zeichen sein, dass etwas durchkreuzt werden soll, die Brüche der eigenen Praxis produktiv gemacht und dadurch Räume des Dazwischen geschaffen werden. Die Kontinuitäten kolonialer Wissensproduktion sollen aufgedeckt werden und darauf aufmerksam gemacht, wie Wissenschaften *weiße* Perspektiven als Normalfall entwerfen und damit andere Stimmen als Sonderfall markieren (Alkin, Gözen und Pinkrah 2022, 13).

Der Versuch, Exegese zu dekolonialisieren, kann nicht absehen von einer solchen Gegenwartsbeschreibung und dem interdisziplinären Austausch mit anderen Wissenschaften. Und doch scheint es mir Teil einer traurigen Wahrheit zu sein, dass wir von einer solchen kritischen Selbstbefragung, die ich als ersten Schritt auf dem Weg zu einer Dekolonisierung sehe, innerhalb der Theologie noch weit entfernt sind.

Innerhalb der deutschsprachigen Theologie taucht das Thema von dekolonialem Interesse erst sehr spät auf. Während die ersten englisch- und spanischsprachigen Interventionen bereits in den 1990er Jahren erscheinen, fristet das Thema an deutschen Fakultäten noch ein Schatten-Dasein. Erste Einführungen und Textsammlungen, vorwiegend Übersetzungen, entstehen in den 2010er Jahren (siehe Nausner 2020). Einen großen Schub und noch einmal eine neue Wendung erfährt das Thema der postkolonialen Theologien mit den Protesten nach der Ermordung von George Floyd im Mai 2020. Spätestens nun kann auch die Theologie Rassismus und die sich daran anschließenden epistemologischen Fragestellungen nicht mehr länger ignorieren. Für die biblische Exegese gilt, dass die internationale Diskussion bereits seit den 1990er Jahren die zahlreichen Anfragen an die Epistemologie und dabei insbesondere die historisch-kritische Exegese aufgenommen hat (Dobbs-Allsopp 1999). Will man ein passendes Bild finden für die neue Unübersichtlichkeit und die Vielzahl verschiedener Paradigmen und Wahrheitsansprüche innerhalb der biblischen Exegese, so leuchtet John J. Collins Verdikt von der *Bibel nach Babel* (2005) unmittelbar ein. (Vgl. auch Krause und Weingart 2021, 1–4) Für die Beschäftigung mit postkolonialen Anfragen ist Markus Lau zuzustimmen, der konstatiert: „Exegese ist zuweilen Millimeterarbeit und Erkenntnisfortschritt hat auch im Kleinen seine Berechtigung." (Lau 2021, 37) Zumindest innerhalb der Fachdiskussionen wird vermehrt auch über Metakritik an den eigenen Methoden nachgedacht (vgl. Krause und Weingart 2021). Nach dem Niederschlag einer postkolonialen Anfrage an die biblische Exegese muss man in den deutschsprachigen Lehrbüchern jedoch noch immer mit der Lupe suchen. Lassen Sie uns das Unterfangen wagen!

2 Kritische Bestandsaufnahme der deutschsprachigen Lehrbücher und Ansatzpunkte für eine dekoloniale Exegese

Klaus Dorn referiert in seinem *Basiswissen Bibel* (2015) die Methoden der Forschung und beschreibt dabei die historisch-kritische Methode als Richtschnur und allgemeingültige Verfahrensweise. Ganz klassisch fasst er darunter Textkritik, Literarkritik, Redaktionskritik, Formgeschichte, Überlieferungs- und Religionsgeschichte zusammen (Dorn 2015, 24–34). Neuere Methoden der literarischen Analyse – und hier sprechen wir noch gar nicht von einem ideologiekritischen Blick oder epistemologischen Anfragen – seien zwar möglich, „bisweilen erscheinen diese jedoch im Verhältnis zum Ertrag sehr aufwändig." (Dorn 2015, 34) Ebenfalls sehr dem Erbe des 19. Jahrhunderts verpflichtet erscheint der Aufriss von Hans-Christoph Schmitt in seinem *Arbeitsbuch zum Alten Testament* (2011). Dort werden die Arbeitsschritte der historisch-kritischen Methode ebenfalls klassisch dargestellt und im Hinblick auf theologisches Verständnis, Kanon und Textgestalt rubriziert (Schmitt 2011, 149–155). Neuere Fragestellungen oder gar Anfragen an den klassischen Methodenkanon: Fehlanzeige! In Erich Zengers *Einleitung in das Alte Testament* (2016) wird die Forschungsgeschichte in einer knappen Abhandlung wiedergegeben (53–59), aber Methoden der Exegese werden nicht extra thematisiert. Auf die „Entstehung der klassischen Pentateuchhypothesen im 18. und 19. Jahrhundert" folgen dann Form- und Überlieferungsgeschichte, bevor aktuellere Modelle diskutiert werden und schließlich das eigene „Münsteraner Pentateuchmodell" vorgestellt wird (Zenger 2016, 106–135). Methodologische Überlegungen zur Wissenschaftsgeschichte oder Anfragen an die eigene Hermeneutik und deren Entstehungsbedingungen sucht man vergeblich. Teilweise aufgeschlossener ist Helmut Utzschneiders und Stefan Ark Nitsches *Arbeitsbuch Literaturwissenschaftliche Bibelauslegung* (2014). Anliegen des Buches ist die Synthese aus diachroner und synchroner Auslegung der Hebräischen Bibel (Utzschneider und Nitsche 2014, 23). Unterteilt ist das Buch in die großen Kapitel von Textkritik, Textanalyse und Gattungskritik, Traditionsgeschichte und Literargeschichte sowie ein abschließendes Kapitel zur Interpretation. Hier tauchen dann auch der „Problemhorizont" des Textes und die Rezeptions- und Wirkungsgeschichte auf (Utzschneider und Nitsche 2014, 332–333). Postkoloniale Anfragen, die in den Literaturwissenschaften, auf die sich die Autoren immer wieder beziehen, *common sense* sind, werden jedoch nicht erwähnt. Am ausführlichsten erscheint Jan Christian Gertz' *Grundinformation Altes Testament* (2019). Der von Angelika Berlejung verfasste Beitrag weist zumindest das Problembewusstsein für die Anfragen dekolonialer Exegese auf. In einem methodologischen Beitrag wird die historisch-kritische Methode als Beitrag zur Theologiegeschichte mit Textkritik, Literarkritik, Redaktionsgeschichte, Formgeschichte, Gattungsgeschichte, Überlieferungs- und Traditionsgeschichte dargestellt (Berlejung 2019, 40–58). Daneben werden synchron orientierte Herangehensweisen genannt – insbesondere der *canonical approach* – und anwendungsorientierte Methoden, die „nicht notwendigerweise die Gefahr zu größerer Selektion und Subjektivität in der Wahrnehmung der Texte als etwa der historisch-kritische Zugang [darstellen], da exegetisches Arbeiten immer (!) vom jeweiligen Vorverständnis […] geprägt ist" (Berlejung 2019, 58). Eine dezidierte ideologiekritische Tiefenbohrung oder eine rassismuskritische Blickweise ist jedoch auch hier nicht vorhanden. Bereits im Untertitel verweist dagegen David Carr in seiner *Einführung in das Alte Testament* (2013) auf imperiale und koloniale Kontexte. In den einzelnen Kapiteln werden die literarischen Bücher der Bibel jeweils in einem solchen Setting gedeutet. Methodisch werden neben den Analyseschritten der historisch-kritischen Methode auch Auslegungsgeschichte, Kulturkritik und Wirkungsgeschichte dargestellt (Carr 2013, 46). Schließlich gibt es noch einen eigenen Bereich der Ideologiekritik, der zum Beispiel untersucht, wie die Exoduserzählung im Zusammenspiel mit system-immanenten Machtstrukturen ausgelegt worden ist (Carr 2013, 47), sowie die feministische und postkoloniale Kritik.

Postkoloniale Bibelhermeneutiken tauchen als Stichworteintrag im von Oda Wischmeyer herausgegebenen *Lexikon der Bibelhermeneutik* (2013) auf (Erbele-Küster 2013, 440–441). Auch Postkolonialismus wird als eigener Eintrag aufgeführt und dabei explizit die „Kritik herkömmlicher Methoden" genannt (441–442). Ein eigener Eintrag für Rassismus fehlt, hier wird nur auf intersektionale Analysen verwiesen.

Blickt man zusammenfassend auf die Lehrbücher für das Alte Testament, so liegt eine Dekolonisierung der exegetischen Fächer noch in weiter Ferne. Und es erscheint sehr kühn, wenn eine amerikanische Exegetin wie Susanne Scholz von der Dekolonisation der deutschsprachigen Bibelexegese träumt (Scholz 2021). Mit Blick auf die internationale Diskussion, die seit den Zeiten von Segovia und Sugirtharajah weitergegangen ist, wird jedoch deutlich, dass die Verwirklichung des Traums inzwischen vehementer eingefordert wird.[1]

In einem umfangreichen Forschungsüberblick betont Steed Vernyl Davidson die zentrale Rolle des Begriffs *Empire* für die postkoloniale Fragestellung und stellt dar, inwieweit dieses Konzept aus Literatur-, Geschichts- und Kulturwissenschaften auch für die Erforschung der Hebräischen Bibel hilfreich sein könnte. Umstritten scheint dabei innerhalb der postkolonialen theologischen Entwürfe die Frage, ob biblische Texte kritisch imperiale Strukturen hinterfragen – oder ob die Bibel nicht vielmehr in ihrer Auslegungsgeschichte eine vielfältige Spur von Unterdrückung und Kollaboration mit kolonialen Konzepten und kolonialer Gewalt in sich trägt. Davidson geht vor allem auf die Entstehung der biblischen Texte ein. Er siedelt die Schreiber als die Klasse, die für das literarische Wachstum der Texte verantwortlich zeichnet, als soziale Gruppe in der Elite an. Diese hätten von imperialen Strukturen profitiert und sich diese auch zu Nutze gemacht (Davidson 2017, 31–32). Erste imperiale Anwandlungen oder Kopien der Herrschaftshäuser entdeckt er bei Salomos Verwaltungsstrukturen (1Kön 4,7) oder bei den territorialen Expansionen Hiskias (2Kön 18,7–8). Die Schreiber, die sich als „Unterhändler göttlichen Wissens" (Ben Zvi 2009, 19) verstehen lassen, stehen exemplarisch für eine gleichzeitige Aufnahme imperialer Weltzugänge und einer Abwendung von hegemonialen Zwängen bei der Herausbildung einer eigenen Identität. Dies lässt sich beispielhaft an der Herausbildung des hasmonäischen Kanons aufzeigen, der sich vom herrschenden Hellenismus abgrenzte und gleichzeitig das curriculare Modell desselben übernahm (Carr 2013, 303–307). Grundsätzlich bleibe die Haltung der Bibel zum *Empire* eine ambivalente: Als groteske Form tauche dieses im Buch Daniel und in der Of-

---

[1] Für die Hinweise auf Literatur danke ich Helge Bezold und Dion Foster sehr herzlich.

fenbarung auf, durchaus zustimmend jedoch in den Büchern Esra, Nehemia und Esther. Innerhalb der prophetischen Literatur findet sich eine Figur, die für die Frage nach einer Dekolonisierung der Bibel von großer Relevanz ist, nämlich die Inanspruchnahme fremder Völker durch Gott, als Mittel der Beziehungspflege zu Israel/Juda. Göttliches Handeln geschieht durch die Assyrer (Jes 12,5), den persischen König Kyros (Jes 45,1), den babylonischen König Nebukadnezar (Jes 43,10) und das Babylonische Imperium im Allgemeinen (Hab 1,6). Auch die Vorstellung von der engen Verquickung göttlicher und weltlicher Mächte ist ein häufiger Topos (Jes 13,4–6; Jer 46,9; Jer 46,25–27; Ez 25,10 u. a.). Angesichts dieses Befundes spricht Davidson von einer bestenfalls „zurückhaltenden Kritik" der biblischen Texte an imperialen Machtdarstellungen und Praktiken. Neben einer eindeutigen Zurückweisung der imperialen Gewaltexzesse und Herrschaftsansprüche finde sich gleichermaßen auch eine Zustimmung zu imperialen Strukturen, die sogar für Heilszusagen in Anspruch genommen werden (Davidson 2017, 37–39).

Aus dieser Uneindeutigkeit an den Ursprüngen der biblischen Texte folgt nun zweierlei: Zum einen plädiert Davidson für eine stringente Historisierung und eine kleinteilige Arbeit an den Quellen und historischen *Set-Ups*. Zum anderen rücken damit die weitere Auslegungsgeschichte der Bibel und insbesondere die Frage nach Vorverständnis und methodischer Herangehensweise der Forschungs-Community in den Fokus. Dies ist der Ausgangspunkt für die kritische Studie von Anna Runesson, die sich mit der Entstehung der wissenschaftlichen (Bibel-)Exegese kritisch auseinandersetzt. In *Exegesis in the Making* (2011) dekonstruiert sie westliche Bibelwissenschaften und versucht sich an einer Rekonstruktion unter Bezugnahme auf postkoloniale Wissenschaftstraditionen. Die historisch-kritische Methode der Bibelauslegung werde vielfach sowohl hermeneutisch als auch epistemologisch kritisch gesehen. Stattdessen hätten postkoloniale Auslegerinnen neue Wege gefunden, die in ihrer Situation als relevanter empfunden werden könnten (Runesson 2011, 82). Denn gegenwärtige biblische Wissenschaft verdanke sich zu einem großen und immer noch unbewussten Teil den Denkvoraussetzungen und der Epistemologie der Aufklärung. Und dies betreffe auch diejenigen Entwicklungen, die sich dezidiert davon abgrenzten, wie Stephen D. Moore und Yvonne Sherwood in einer detaillierten Studie zu Theoriediskussionen und ideologischen Vorbedingungen innerhalb der biblischen Wissenschaften aufgezeigt haben (Moore und Sherwood 2011, 48). Mit Blick auf die Umwandlung der Bibel von einem religiösen Text zum Ursprung der westlichen Kultur und Ausgangspunkt zahlreicher kultureller und wissenschaftshistorischer Neuentdeckungen um 1800 (vgl. Sheehan 2004) untersuchen die beiden die Entstehung des biblischen Wissenschaftlers. Dieser verdanke seinen Status dabei gerade den zunehmenden Schwierigkeiten, die Bibel sowohl sprachlich, philosophisch als auch historisch den Zeitgenossen begreiflich zu machen. Denn im Angesicht der vielfältigen Probleme und Anfragen bedurfte es einer ganzen Klasse an Spezialisten, die sich fortan diesen Schwierigkeiten zuwenden konnten und Lösungen diskutieren und präsentieren konnten (Moore und Sherwood 2011, 80). Eine Dekolonisierung der Exegese bedeutet damit, diesen biblischen Wissenschaftler und die historisch-kritische Methode zu dekonstruieren.

3 White Men's Magic? Ein dekolonialer Perspektivwechsel auf die historisch-kritische Methode

Zur vielfach beschriebenen Ambivalenz der Aufklärung gehört auch die Geschichte des gewaltvollen Kontakts mit dem religiösen Anderen. Diese Auseinandersetzungen in den kolonialen Kontaktzonen haben sich als literarisch und religiös produktiv erwiesen und vielfach auch diskursiven Widerstand erzeugt (Burkhardt und Wiesgickl 2016). Eine besonders spannende Figur innerhalb des literarischen *Black Atlantic* ist die des Olaudah Equiano (1745–1797). Er war britischer Schriftsteller, Reiseberichterstatter und Anti-Sklaverei-Aktivist. Seine Autobiographie *The Interesting Narrative of the Life of Olaudah Equiano or Gustavus Vassa, the African. Written by Himself* (1789) war ein Bestseller, der in vielen Auflagen erschien. Heute stellt dieses Buch eine Schatztruhe für Religionswissenschaftler:innen dar, die sich für die Aushandlungsprozesse zu Beginn der Moderne interessieren. Equiano nimmt die Position des Missionars und Ethnographen ein und berichtet von unterschiedlichen religiösen Praktiken, Weltanschauungen und heiligen Objekten. Dabei spielt er mit seiner eigenen Geschichte und Identität als eines schwarzen Intellektuellen, der ehemals ein Sklave war und sozusagen von zwei Seiten auf Ereignisse blicken könne. Und der nicht nur die neu entdeckten Gesellschaften und ihre kulturellen Eigenheiten beschreibt und aufdeckt, sondern diesen ethnographischen Blick gleichermaßen auch auf die britische Gesellschaft zu richten vermag (vgl. Wimbush 2012, 9–21). Dabei wird deutlich, dass nicht nur die Gesellschaften, die für aufgeklärte Protestanten als andersartig und exotisch gelten, besondere Muster der Vergesellschaftung aufweisen, sondern dass auch das viktorianische England um einen Fetisch herum strukturiert sei: die Bibel. Die Literalität, die Equiano als „Magie der Weißen" bezeichnet, weise jedem in der Gesellschaft seinen Platz zu und unterscheide zwischen Insidern und Outsidern. Vincent Wimbush spricht von einer „Semiosphäre" und meint damit den zentralen Stellenwert der biblischen Texte, der Gemeinschaften, die sich durch einen bestimmten öffentlichen Gebrauch der Bibel konstituierten und damit auch den ideologischen und phantasmatischen Überschuss, der diesen Texträumen inhärent war (Wimbush 2012, 87).

4 Meine These: Das Alte Testament als deutsche Kolonie und wie es sich dekolonisieren lässt

Georg Forsters *Reise um die Welt* (1778) sorgte in Deutschland für eine wahre Pazifik-Begeisterung, die sich in zeitgenössischen Briefen oder der Verkleidung von gutbürgerlichen Mädchen als Tahiterinnen beobachten lässt (Hall 2008, 107–108). Die Nachrichten aus fernen Ländern und die Entstehung des wissenschaftlichen Fachs der Ethnologie ab 1770 sorgten auch für zahlreiche Neuerungen in der Bibelwissenschaft:

> Es ist, als wenn die Hebräer eine ganz andre Nation geworden wären, so verändert ist die Vorstellung, die man sich nun von ihrer Denkart, ihren Sitten und Gewohnheiten, ihren Gesetzen und Rechten macht. (Eichhorn 1794, 529)

Doch was genau hatte sich geändert und warum spreche ich vom Alten Testament als deutscher Kolonie? Dazu vier Thesen, die ich an anderer Stelle ausführlicher dargestellt habe, und die deutlich machen, wo eine Dekolonisierung der Exegese ansetzen könnte (vgl. Wiesgickl 2018, 227–231).

Erstens: Das Alte Testament als deutsche Kolonie bedeutet, dass das Alte Testament als Möglichkeitsraum des deutschen kolonialen Phantasmas fungierte. In der Wissenschaft des Alten Testaments wurden neue Konzepte im Hinblick auf die Konstruktion von Fremdheit und die Konstruktion der Geschichte ausprobiert, gewonnen und angewandt. Deutschland hatte um das Jahr 1800 keine eigenen Kolonien. Aber die Leserinnen und Leser in Deutschland nahmen regen Abteil an den Geschichten aus den neu entdeckten Ländern und lasen gerade Reisebeschreibungen mit einer riesigen Faszination. Die realen Kolonialmächte, wie insbesondere das britische Empire, wurden dabei sehr kritisch gesehen. Die Literaturwissenschaftlerin Suzanne Zantop spricht nach einer umfangreichen Untersuchung vieler Quellen aus dieser Zeit von einem „Kolonialismus im Geiste", der sich auch darin ausdrückt, dass man eigene Vorstellungen von Überlegenheit und Vorrangstellung literarisch auslebte. Die Anteilnahme an den europäischen Entdeckungen diente somit auch als „Projektionsfläche für einen nationalen Neuanfang, [...] Phantasieraum, in dem das Vaterland frei von Geschichte und Konventionen bei Null beginnen und sich selbst erschaffen konnte, um dann der Welt zu zeigen, wozu es fähig ist" (Zantop 1999, 17). Insbesondere die deutsche Philologie wurde als leistungsfähig angesehen und sogar in der Lage, fremdsprachige Literatur zu verbessern, wenn etwa Novalis davon spricht, dass der „deutsche Shakespeare jetzt besser als der englische ist". (Novalis [1975]1998, 237). Deutsche Wissenschaftskultur, die auch die historisch-kritische Methode hervorgebracht hat, wurde gedeutet als ein Hineinversetzen in andere Kulturen und Zeiten, das andere besser versteht, als diese sich selbst verstünden (vgl. Müller 1807, 3–15). Diese Arroganz gilt es, zu dekonstruieren und dekolonisieren.

Zweitens: Konkret geht es etwa um die Reisebeschreibung als wissenschaftliche Methode, die mit dazu beigetragen hat, „Kolonien zu schaffen und ethnozentrische Perspektiven zu festigen" (Said [1978] 2014, 142). Das lässt sich gut daran zeigen, dass wissenschaftliche Reisen in den Orient als Reisen in die Vergangenheit verstanden wurden. So schreibt Johann David Michaelis:

> Hätten wir diese Sitten der Araber nicht, so würden wir die Geseze Mosis sehr selten aus einem ältern Herkommen erläutern können. Allein bey diesem abgesondert lebenden, und selten unter ein fremdes Joch gebrachten, Volke haben sich die alten Sitten so erhalten, daß man glaubt, in der Hütte Abrahams zu seyn, wenn man eine Beschreibung der herumziehenden Araber lieset. (Michaelis 1785, 10)

Die Vorstellung, dass sich die 2000 Jahre dazwischen einfach überspringen lassen, mutet heute etwas seltsam an, hat aber das Verständnis der Bibel revolutioniert. Mit einem neuen ethnographischen Blick auf die Bibel wurde versucht, die Texte und Lebenswelten der Bibel konsequent vor dem Hintergrund ihrer historischen und sozialen Gegebenheiten zu deuten. Allerdings kam es dabei zu einigen Grundannahmen und Vorstellungen, die heutzutage ethnologisch nicht mehr zu halten sind und sich teilweise sogar rassistischen oder orientalistischen Konzeptionen verdankten. Der dekoloniale Blick auf die eigene Wissenschaftsgeschichte fragt kritisch danach, wo solche Konstruktionen, wie etwa die vom Orient als Raum ohne Geschichte, immer noch wirkmächtig sind, und greift auf die vielfältigen und breit entwickelten Alternativen zurück.

Drittens: Diese neue Sichtweise hatte jedoch auch Auswirkungen auf die Judenfrage in Deutschland. Denn die intellektuelle Autorität protestantischer Wissenschaftler über den Orient ging mit einer Abwertung des jüdischen Zugangs zu den Quellen einher. War man vor der Einführung der historisch-kritischen Methode noch auf die biblischen Auslegungen der jüdischen Gemeinschaft angewiesen, so rückte nun ein unmittelbarer Zugriff in den Vordergrund. Teilweise wurden die jüdischen Zeitgenossen als unzuverlässig interpretiert und ihr Umgang mit der Bibel als unwissenschaftlich und verfälschend abqualifiziert. An ihre Stelle rückten nun die neu entstandenen Einleitungen in das Alte Testament und vorwiegend ethnologische, historische oder philologische Erklärungsmuster. Beiträge wie *Das Neue Testament – Jüdisch erklärt* (2020) können also nicht nur als Beitrag zum interreligiösen Dialog gedeutet werden, sondern sind auch Teil der Dekolonisierung der deutschsprachigen Bibelwissenschaft.

Viertens: Indem man die Bibel um 1800 neu als Urkunde eines Kindheitsalters der Menschheit verstand, rückte sie in weite Ferne. Der Orient wurde mythisch aufgeladen und galt als ursprüngliche sprachliche Kinderstube aller Menschen (Herder).

Johann Gottfried Herder und andere verbanden damit zwar einerseits eine große Wertschätzung der biblischen Poesie und ihrer Texte, andererseits wurden damit Verknüpfungen erstellt und eingeübt, die eine koloniale Geschichte entwickelten. Die Frontstellung von einem mythischen, sinnlichen und kindlichen Orient und einem rationalen und spirituell entleerten Westen, die für viele Romantiker prägend war, half mit, Begründungsmuster für eine koloniale Aufteilung der Welt zu schaffen. Denn die Idee vom kindlichen Wesen der anderen führte schnell zur Vorstellung, dass man diesen ja nur helfen würde, während man sie paternalistisch unterdrückte. Heute gebräuchliche Begriffe wie *White Man's Burden* oder *white saviour*, die kritisch auf eine rassistische Überlegenheitsgeste schauen, verdanken sich geistesgeschichtlich solchen Anfängen. Während also das Alte Testament mit der Rede vom Kindheitsalter der Welt damit vorwiegend in Form von Denkmälern der Vergangenheit zugänglich wurde, wurden Begrifflichkeiten eingeübt, die die Aufteilung der Welt in Kolonisatoren und Kolonisierte, die um 1900 bittere Realität war, bereits vorwegnahmen. Die Exegese zu dekolonialisieren bedeutet demnach, Hegemonien aufzubrechen und die Vorstellung, dass nur in bestimmten Gegenden der Welt die Bibel wissenschaftlich und richtig verstanden werden kann, zu überwinden.

5 Fazit: Dekolonisierung bedeutet Provinzialisierung der historisch-kritischen Methode

(Alttestamentliche) Exegese zu dekolonialisieren ist ein Unterfangen, das gerade erst am Anfang steht. Hierzu braucht es einen langen Atem und einen grundsätzlichen Wandel der Fachkultur. Auf dem Weg zu einem dekolonialen Verständnis der Schriften der Hebräischen Bibel braucht es verschiedene Perspektiven und Sichtweisen, sodass sich die Rede von einer „Schriftauslegung im Plural" anbietet (Cramer und Höfer 2022). Neben multi-perspektivische Sichtweisen im interreligiösen und trans-kulturellen Austausch muss auch eine konsequente Historisierung der eigenen Wissenschaftstradition treten, wie sie schon länger eingefordert wird (Nissinen 2010). Dies sollte insbesondere die Phase des Kolonialismus – und seiner Vorläufer und Nachwirkungen – umfassen. Dabei kann herausgearbeitet werden, inwiefern die eigenen Methoden als zeitgebunden und damit auch als „Archiv" der methodologischen Arbeit verstanden werden können. Die Rezeptions- und Wirkungsgeschichte der biblischen Texte muss konsequenter mitbedacht werden und die Texte müssen auch gegen den Strich ihrer Auslegungsgeschichte gelesen werden. Dieses Programm führt zu einer Provinzialisierung der historisch-kritischen

Methode, die als eine kontextuelle Herangehensweise zu würdigen ist mit berechtigten Wahrheitsansprüchen – aber nicht als die einzige mögliche. Für alttestamentliche Exeget:innen ist dies keine schlechte Nachricht: Eine konsequente Dekolonialisierung bietet für das Fach die Möglichkeit, die dringend gebotene methodologische Diskussion über die eigenen Methoden (vgl. Blum 2021, 269) umso radikaler zu führen!

Literaturverzeichnis

Alkin, Ömer, Jiré Emine Gözen und Nelly Y. Pinkrah. 2022. „X | Kein Lagebericht. Einleitung in den Schwerpunkt." *Zeitschrift für Medienwissenschaft* 26: 10–23.
Auma, Maisha-Maureen. 2017. „Rassismus". In *Bundeszentrale für Politische Bildung, Dossier Migration*, 30.11.2017. https://www.bpb.de/themen/migration-integration/dossier-migration/223738/rassismus/(6.3.2023).
Ben Zvi, Ehud. 2009. „Towards an Integrative Study of Authoritative Books." In *The Production of Prophecy: Constructing Prophecy and Prophets in Yehud*, hg. v. Diana V. Edelman and Ehud Ben Zvi, 15–28. London: Equinox.
Berlejung, Angelika. 2019. „Erster Hauptteil: Quellen und Methoden." In *Grundinformation Altes Testament. Eine Einführung in Literatur, Religion und Geschichte des Alten Testaments*, hg. v. Jan Christian Gertz in Zusammenarbeit mit Angelika Berlejung, Konrad Schmid und Markus Witte. 6., überarbeitete und erweiterte Auflage. Göttingen: Vandenhoeck &Ruprecht.
Blum, Erhard. 2021. „Von der Notwendigkeit einer disziplinären Selbstverständigung in der Exegese des Alten Testaments." In *Exegetik des Alten Testaments. Bausteine für eine Theorie der Exegese*, hg. v. Joachim J. Krause und Kristin Weingart, 239–273. Tübingen: Mohr Siebeck.
Burkhardt, Stefanie und Simon Wiesgickl. 2016. „Postkolonialismus." In *Metzler Handbuch Religion und Literatur*, hg. v. Daniel Weidner, 69–74. Stuttgart: Metzler.
Carr, David. 2013. *Einführung in das Alte Testament. Biblische Texte – imperiale Kontexte*. Stuttgart: Kohlhammer.
Collins, John J. 2005. *The Bible after Babel. Historical Criticism in a Postmodern Age*. Grand Rapids, Michigan: William B. Eerdmans Publishing Company.
Cramer, Malte und Alena Höfer. 2022. *Schriftauslegung im Plural. Interkulturelle und kontextuelle Bibelhermeneutiken*. Stuttgart: Kohlhammer.
Davidson, Steed Vernyl. 2017. „Writing/Reading the Bible in Postcolonial Perspective." *Brill Research Perspectives in Biblical Interpretation* 2.3: 1–99.
Dobbs-Allsopp, F.W. 1999. „Rethinking Historical Criticism." *BibInt* 7: 235–271.
Dorn, Klaus. 2015. *Basiswissen Bibel: Das Alte Testament*. Paderborn: Ferdinand Schöningh.
Eichhorn, Johann Gottfried. 1794. *Allgemeine Bibliothek der Biblischen Literatur, Band 6*. Leipzig: In der Weidmannschen Buchhandlung.
Erbele-Küster, Dorothea. 2013. „Postkoloniale Bibelhermeneutik(en)/Postcolonial Hermeneutics." In *Lexikon der Bibelhermeneutik. Begriffe – Methoden – Theorien – Konzepte*, hg. v. Oda Wischmeyer, 440–441. Berlin: De Gruyter.
Figge, Maja et. al. 2022. „Editorial". *Zeitschrift für Medienwissenschaft* 26: 1.

Hall, Anja. 2008. *Paradies auf Erden? Mythenbildung als Form von Fremdwahrnehmung – der Südsee-Mythos in Schlüsselphasen der deutschen Literatur*. Würzburg: Königshausen & Neumann.

Krause, Joachim J. und Kristin Weingart. 2021. „Exegetik des Alten Testaments. Ein Problemhorizont." In *Exegetik des Alten Testaments. Bausteine für eine Theorie der Exegese*, hg. v. Joachim J. Krause und Kristin Weingart, 1–9. Tübingen: Mohr Siebeck.

Lau, Markus. 2021. „Der fremde Exorzist (Mk 9,38–40) – Zweifach gelesen. Beobachtungen zum Potenzial postkolonialer Theologie für historisch-kritische Exegese." In *Von Peripherien und Zentren, Mächten und Gewalten. Jerusalemer Ansätze für eine postkoloniale Theologie*, hg. v. Ulrich Winkler, Christian Boerger und Joel Klenk, 31–59. Münster: Aschendorff.

Michaelis, Johann David. [1775] 1785. *Mosaisches Recht*. Bd. 1. Zweite vermehrte Auflage. Reutlingen: Grözinger.

Moore, Stephen D. und Yvonne Sherwood. 2011. *The Invention of the Biblical Scholar. A Critical Manifesto*. Minneapolis: Fortress Press.

Nausner, Michael. 2020. „Zur Rezeption Postkolonialer Theorie in der deutschsprachigen Theologie – Ein Literaturüberblick." *JCSW* 61: 183–209.

Nissinen, Martti. 2010. „Reflections on the ‚Historical-Critical' Method: Historical Criticism and Critical Historicism." In *Method Matters. Essays on the Interpretation of the Hebrew Bible in Honor of David L. Petersen*, hg. v. Joel M. LeMon und Kent Harold Richards, 479–504. Leiden/Boston: Brill Academic.

Novalis. 1998. „Novalis an August Wilhelm Schlegel in Jena." In *Schriften. Die Werke Friedrich von Hardenbergs*, hg. v. Paul Kluckhohn und Richard Samuel. Band 4: Tagebücher, Briefwechsel, Zeitgenössische Zeugnisse. Zweite Auflage, 237–238. Stuttgart: Kohlhammer.

Runesson, Anna. 2011. *Exegesis in the Making. Postcolonialism and New Testament Studies*. Leiden/Boston: Brill.

Said, Edward. [1978] 2014. *Orientalismus*. Aus dem Englischen von Hans Günther Holl. Frankfurt a. M.: Fischer.

Schmitt, Hans-Christoph. 2011. *Arbeitsbuch zum Alten Testament. Grundzüge der Geschichte Israels und der alttestamentlichen Schriften*. Dritte durchgesehene Auflage. Göttingen: Vandenhoeck & Ruprecht.

Scholz, Susanne. 2021. „Von der Dekolonisation deutschsprachiger Bibelexegese träumen." In *Von Peripherien und Zentren, Mächten und Gewalten. Jerusalemer Ansätze für eine postkoloniale Theologie*, hg. v. Ulrich Winkler, Christian Boerger und Joel Klenk, 93–113. Münster: Aschendorff.

Segovia, Fernando F. 2000. *Decolonizing Biblical Studies. A View from the Margins*. Maryknoll, New York: Orbis Books.

Sheehan, Jonathan. 2004. *The Enlightenment Bible: Translation, Scholarship, Culture*. Princeton, New York: Princeton University Press.

Silber, Stefan 2021. *Postkoloniale Theologien. Eine Einführung*. Tübingen: Narr Francke Attempto.

Sugirtharajah, R.S. 2001. *The Bible and the Third World: Precolonial, Colonial and Postcolonial Encounters*. Cambridge: Cambridge University Press.

Sugirtharajah, R.S. 2002. *Postcolonial Criticism and Biblical Interpretation*. Oxford: Oxford University Press.

Sugirtharajah, R.S. 2003. *Postcolonial Reconfigurations. An Alternative Way of Reading the Bible and Doing Theology*. London: SCM Press.

Sugirtharajah, R.S. 2005. *The Bible and Empire. Postcolonial Explorations*. Cambridge: Cambridge University Press.

Sugirtharajah, R.S. 2012. *Exploring Postcolonial Biblical Criticism. History, Method, Practice*. Malden: Wiley Blackwell.

Utzschneider, Helmut und Stefan Ark Nitsche. ⁴2014. *Arbeitsbuch Literaturwissenschaftliche Bibelauslegung. Eine Methodenlehre zur Exegese des Alten Testaments*. Gütersloh: Gütersloher Verlagshaus.
Wiesgickl, Simon. 2018. *Das Alte Testament als deutsche Kolonie. Die Neuerfindung des Alten Testaments um 1800*. Stuttgart: Kohlhammer.
Wiesgickl, Simon. 2022. „Postkoloniale Theologien. Positionen und Potenziale." *ThLZ* 147: 903–916.
Wimbush, Vincent L. 2012. *White Men's Magic. Scripturalization as Slavery*. Oxford: Oxford University Press.
Zantop, Suzanne M. 1999. *Kolonialphantasien im vorkolonialen Deutschland (1770–1870)*. Berlin: Erich Schmidt Verlag.
Zenger, Erich. 2016. *Einleitung in das Alte Testament*. Neunte, aktualisierte Auflage hg. v. Christian Frevel. Stuttgart: Kohlhammer.

Stefan Silber
Kolonialität der Theologie
Schritte zu einer epistemologischen Entkolonisierung

1 Einleitung

Kolonialwarenläden gibt es wohl nur noch im Museum. Aber Kolonialwaren gibt es noch: Immer noch kaufen wir Kaffee und Tee, Mangos und Bananen, Baumwolle und Seide aus Ländern, die früher Kolonien waren. Wie in der Kolonialzeit werden den Menschen, die diese Kolonialwaren produzieren, in der Regel keine fairen Preise für ihre Arbeit gezahlt. Das hat mit den wirtschaftlichen Beziehungen zu tun, die seit der Kolonialzeit weltweit herrschen. Der Kolonialismus ist vorüber, aber seine Konsequenzen bestehen fort.

Diese Kontinuität ist Teil dessen, was der peruanische Soziologe Aníbal Quijano (1992, 11) als „Kolonialität" oder als „Kolonialität der Macht" bezeichnet: die Fortdauer kolonialer Herrschaft in den politischen und wirtschaftlichen Strukturen, aber auch im kulturellen Gedächtnis, die auch Jahrzehnte und Jahrhunderte nach der formellen Unabhängigkeit der Kolonien noch Folgen zeitigen kann. Quijano machte diese Kolonialität insbesondere am fortbestehenden Rassismus der globalen Arbeitsteilung fest; andere Autor:innen verweisen darüber hinaus auf die Macht der Kolonialität in den Genderbeziehungen, in der Wissenschaft, in Bildungsinstitutionen und in zahlreichen anderen gesellschaftlichen Bereichen sowie nicht zuletzt in der Epistemologie. Weil unsere Wahrnehmung von Kolonialität durchzogen ist, wird die gesamte Wirklichkeit durch sie geprägt. Kolonialität kennzeichnet nicht nur die Gegenwart der ehemaligen Kolonialgebiete, sondern auch Europas und der vielfältigen globalen Beziehungen. Sie ist eine globale und alltägliche Herausforderung (Silber 2018, 70–73).

Kolonialität gibt es auch in der Theologie. Denn während der Zeit des Kolonialismus diente die Theologie unter anderem der Legitimation von Eroberung, Unterwerfung und Ausbeutung, indem diese zur unvermeidlichen Begleiterscheinung der Christianisierung oder sogar zu ihrer unumgänglichen Voraussetzung erklärt wurden. Umgekehrt hielt auch eurozentrisches und rassistisches Denken Einzug in viele theologische Disziplinen und prägt sie bis heute. Deswegen ist es wichtig, die Kolonialität der Theologie zu erkennen und sich mit ihr auseinanderzusetzen.

Joseph Schmidlin, der als Begründer der deutschsprachigen katholischen Missionswissenschaft gilt, konnte noch 1913 formulieren:

> Der Staat vermag die Schutzgebiete sich wohl äußerlich an- und einzugliedern; das tiefere Ziel der Kolonialpolitik, die innere Kolonisation, muss ihm die Mission vollbringen helfen. Durch Strafen und Gesetze kann der Staat den physischen Gehorsam erzwingen, die seelische Unterwürfigkeit und Anhänglichkeit der Eingeborenen bringt die Mission zustande. (Schmidlin 1913, 278)

Schmidlin beschreibt hier anschaulich, wenn auch unfreiwillig, worin das anhaltende Problem des Kolonialismus für die Theologie besteht. Denn die euphemistisch so genannten „Schutzgebiete" haben inzwischen zum größten Teil zwar ihre staatliche Unabhängigkeit erlangt. Die „innere Kolonisation" und die „seelische Unterwürfigkeit" lassen sich jedoch nicht einfach durch einen völkerrechtlichen Akt beseitigen. Sie wirken bis in die Gegenwart nach, wenn auch oft in transformierter Gestalt, und beeinflussen das Leben und das Selbstverständnis der Menschen in den ehemaligen Kolonien und bei uns, auch im Hinblick auf Glauben und Religion.

Diese Erblasten des Kolonialismus wirken auch auf epistemologischer Ebene: Sie verändern die Art und Weise, wie Menschen sich selbst und die Welt, in der sie leben, wahrnehmen. Beziehungen zwischen Menschen verschiedener Herkunft, Sprache oder Hautfarbe werden unterbewusst auf einer kolonialen Folie gelesen und damit von vornherein in die Kolonialität eingeordnet.

Dies gilt auch in der Theologie. Die Nähe zwischen Kolonialismus und Theologie, die in dem Zitat von Schmidlin aufscheint, wirkt bis heute. Die verschiedenen theologischen Bewegungen, die sich in Europa in den letzten fünfhundert Jahren entwickelten, standen einerseits im regen Austausch mit Philosophien und anderen Wissenschaften, die zur gleichen Zeit Kolonialismus, europäische Überlegenheit und deutschen Nationalismus legitimierten. Andererseits stärkten theologische Überzeugungen von der Notwendigkeit der Mission und der universalen Ausbreitung eines europäischen Kirchenmodells koloniale Bestrebungen in aller Welt.

Eine wichtige Querverbindung zwischen Theologie und Kolonialismus besteht gerade auf epistemologischer Ebene: Der europäische Kolonialismus insbesondere des 19. Jahrhunderts wäre nicht denkbar gewesen ohne die ideologischen Voraussetzungen des deutschen Idealismus und der Aufklärung insgesamt. Die indische postkoloniale Feministin Gayatri Chakravorty Spivak schreibt, dass deutschsprachige Philosophien, namentlich Kant und Hegel, eine zentrale philosophische und intellektuelle Rolle bei der Ausarbeitung und Durchführung kolonialer Ideologien innehatten: „Deutschland produzierte die autorisierten ‚universalen' Erzählungen, in denen das Subjekt unweigerlich ein europäisches war." (Spivak 2010, 19)

Auf den folgenden Seiten werde ich einige wichtige Schwerpunkte postkolonialer Theologien vorstellen, die sich für mich in den verschiedenen Bewegungen weltweit derzeit abzeichnen. Mit zwei konkreten Beispielen versuche ich zu illustrieren, welche konkreten Auswirkungen die postkoloniale Kritik auf die theologische Praxis haben kann. Zuletzt werde ich einige Herausforderungen für die Theologie in Europa skizzieren.

2 Schwerpunkte postkolonialer Theologien

Im weltweiten Diskurs haben postkoloniale Theologien inzwischen bereits ein breites Spektrum von Methoden und Ausdrucksformen entwickelt, in denen Kolonialität aufgedeckt, kritisiert und transformiert werden kann (Silber 2021, 45–203). Ein Schwerpunkt dieser Methoden liegt auf den kulturellen, sprachlichen und diskursiven Faktoren der Kolonialität. Hier geht es vor allem um die Kritik bewusster und unbewusster Zuschreibung von Identitäten aufgrund der Hautfarbe, des Geschlechts oder der ethnischen und kulturellen Zugehörigkeit anderer Menschen, aber auch um Geschichtsschreibung und Religionswissenschaft. Gerade aus der postkolonialen Kritik der Theologie der Religionen ergeben sich wichtige Ansatzpunkte für die Systematischen Theologie. Solche diskursive Fragen stehen auch bei vielen postkolonialen Theoretiker:innen im Vordergrund. Der Postkolonialismus lässt sich jedoch nicht darauf reduzieren.

Genauso wichtig für ein Verständnis der postkolonialen Theologien ist der Aspekt der Machtbeziehungen, die sich aus dem Kolonialismus entwickelt haben. Denn dieser ist selbst ein Machtverhältnis und hat bis heute Auswirkungen in vielfältigen Machtkonfigurationen der Gegenwart, sei es in der Politik, der Wirtschaft, dem Landbesitz, der körperlichen Gewalt oder auch der Religion. Fragen von Macht und Herrschaft stellen sich beispielsweise in der Christologie und der Soteriologie: Lassen sich Heil und Erlösung so fassen, dass unterdrückende koloniale Machtverhältnisse nicht zementiert und legitimiert, sondern subvertiert und zum Einsturz gebracht werden können?

Der Widerstand, der solchen Machtverhältnissen entgegengebracht wird, auch in der Theologie, ist ein weiterer wichtiger Schwerpunkt postkolonialer Theologien. Auch der Widerstand, der bis heute gegen Mission und Evangelisierung geleistet wird, kann durch einen Perspektivwechsel zu einer positiven Herausforderung für die Theologie werden. Denn der Widerstand und die Gegenmacht, die er repräsentiert, zeigt möglicherweise eine notwendige Umkehr und Weiterentwicklung der Theologie und der kirchlichen Praxis an. Selbst die Abwendung von der Mission und die Verweigerung des Dialogs können dann als Befreiungsgeschichte gelesen werden, der sakramentaler Charakter zukommt.

Postkoloniale Theologien entwickeln auch theologische Alternativen, in denen sie die kolonialkritische Gegenmacht theologisch entfalten und teilweise zu völlig neuen Verständnissen des christlichen Glaubens gelangen. Dazu greifen sie auch auf spirituelle und theologische Ausdrucksformen indigener und anderer Religionen zurück. Sowohl auf methodischer wie auch auf inhaltlicher Ebene verabschieden sie sich von zahlreichen traditionellen theologischen Selbstverständlichkeiten und entwickeln Alternativen, die eher außereuropäischen Kulturen und ihren Kontexten entsprechen und die konkreten Herausforderungen dieser Kontexte bearbeiten.

Diskursive und Machtkritik, Widerstand und Alternativen prägen in vielfältiger Hinsicht postkoloniale Entwürfe und Entwicklungen in der Theologie weltweit. Mit diesen Begriffen lässt sich auch eine Dynamik charakterisieren, die der dekoloniale Theoretiker Walter Mignolo (2007, 25) als „Loslösung und Offenheit" beschreibt: Der „Loslösung" von europäisch geprägten Denkweisen entspricht die „Offenheit" für Alternativen, die aus den vielfältigen kulturellen Traditionen der Menschheit schöpfen, und zwar nicht nur auf inhaltlicher und thematischer Ebene, sondern auch in Fragen der Methodologie und Erkenntnislehre. Diese Dynamik wird in Lateinamerika auch als „dekoloniale Wende" (Castro-Gómez und Grosfoguel 2007) bezeichnet. Mit zwei Beispielen möchte ich die Arbeitsweise postkolonialer Theologien konkret sichtbar machen.

3 Landbesitz und die Bibel

Die Frage nach Landbesitz und Landraub ist eine zentrale Frage für die Kritik des Kolonialismus und die Aufarbeitung seiner Erblasten. Der australische Theologe Chris Budden schreibt über das erste Zusammentreffen von europäischen und indigenen Menschen (Aborigines) in Australien: „Die Beziehung zwischen den beiden Völkern begann mit einem Diebstahl. Die europäischen Invasoren und Invasorinnen vertrieben Menschen von ihrem Land." (Budden 2009, 21)

Landbesitz war für die Eroberer eine unabdingbare Voraussetzung für die Errichtung eines Kolonialregimes. Gleichzeitig zerstörte dieser Diebstahl tiefgreifende kulturelle und religiöse Beziehungen, die indigene Menschen mit ihrem Land verbunden hatten, und die sich mit dem westlichen Konzept des Landbesitzes nicht annähernd beschreiben lassen. Denn in der Frage des Landbesitzes verschränken sich in vielfacher Weise diskursive und materielle Aspekte des Kolonialismus und der Kolonialität. Zugleich war auch in der Sicht vieler europäischer Eroberer der Landbesitz religiös aufgeladen und wurde daher auch von Missionar:innen und Theolog:innen mit Landnahmeverheißungen und anderen biblischen Metaphern spirituell aufgeladen.

Die neuseeländische Autorin Susan Healy (2019, 73–95) beschreibt verschiedene historische Vorgehensweisen beim Landraub, die vom Vertrauens- und Vertragsbruch über die scheinbar legale Enteignung durch die Privilegien der Eroberer bis hin zur gewaltsamen Vertreibung durch Krieg reichen. Immer wieder dokumentiert sie auch, wie Missionare und Bischöfe in Neuseeland und Großbritannien dieses Vorgehen förderten und legitimierten oder selbst praktizierten. Allerdings beschreibt sie auch Versöhnungsprozesse in der Gegenwart, in denen einzelne methodistische Gemeinden im Einvernehmen mit Autoritäten und Gemeinschaften der Ureinwohner:innen gestohlenes Land wieder zurückgeben.

Erschwerend kommt hinzu, dass es in der Vorstellungswelt vieler indigener Völker gar keinen Landbesitz im europäischen Sinn gibt. Denn dieser hängt an einer bestimmten kulturellen Vorstellung dessen, was Land ist. Die westlichen Vorstellungen, man könne Land mit Grenzen durchziehen, aufteilen oder verkaufen, es zur Ware oder zu einem Rechtstitel machen, Menschen daraus vertreiben und anderswo ansiedeln, kollidieren mit unterschiedlichen indigenen Vorstellungen vom Land, in denen dieses als heilig betrachtet wird, als unveräußerliches Erbe der Vorfahren, als Familienmitglied, als Dialogpartner oder als Netz von Pilgerpfaden. Indigene Kulturen pflegen häufig ein sehr enges spirituelles Vertrauensverhältnis zu einem ganz konkreten Territorium und finden die westliche Konzeption des Landes als einer Ware oder eines Rechtstitels völlig unverständlich. Dieses spirituelle Verhältnis der Menschen zum Land wurde von Missionar:innen in der Vergangenheit häufig als animistisch verurteilt. Landraub konnte so zum zivilisatorischen Projekt stilisiert werden. Bis in die Gegenwart ermöglichen solche konträren Landkonzeptionen weiteren Landraub und erschweren zugleich Prozesse der Rückgabe gestohlenen Landes.

Der Religionswissenschaftler Ezra Chitando (2020, 399–415) aus Zimbabwe macht hingegen auf eine Möglichkeit aufmerksam, die westlichen Vorstellungen von Landbesitz theologisch zu kritisieren und sich von ihnen zu lösen. Er tut dies mit der Bibel, obwohl diese weithin als ein Instrument des Kolonialismus wahrgenommen wird: In der Erzählung von Nabots Weinberg (1 Kön 21,1–19) steht ein Konflikt im Mittelpunkt, in dem ein Bauer überzeugt ist, dass sein Erbteil nicht zur Ware gemacht und verkauft werden kann, weil es ihn an seine Vorfahren, an sein Volk und an Gott selbst bindet. Der König und die Königin, die dies nicht respektieren und das Land gewaltsam an sich reißen, werden vom Propheten Elija verurteilt, denn das Land gehört Gott, es kann nicht verkauft werden.

Die Bibel kann also in der Gegenwart auch zur Kritik der Kolonialität eingesetzt werden. Dies ist ein gutes Beispiel für die Vorgehensweise postkolonialer Theologien: Das religiöse und spirituelle Erbe des Christentums kann von den Lasten des Kolonialismus befreit werden und als kritische Instanz gegen die europäische Vorherrschaft, auch auf epistemologischer Ebene, verwendet werden. Dazu muss es sich jedoch von seiner europäischen Herkunft lösen und offen für alternative Epistemologien sein. Dies impliziert nicht selten auch Praxen des Widerstandes.

4 Die Heldin, die den Rücken kehrt

Auch dafür gibt es ein sprechendes biblisches Beispiel: Laura Donaldson – postkoloniale Wissenschaftlerin aus den USA – argumentiert, dass es für die dekoloniale Wende nötig ist, immer wieder wechselnde Perspektiven einzunehmen (2002, 106). Dazu gehört auch die Erfahrung, dass Menschen sich abwenden und so der hegemonialen Perspektive Widerstand entgegenbringen, indem sie sich ihr entziehen.

Dies verdeutlicht sie mit einer eher vernachlässigten Figur aus der Bibel, der Moabiterin Orpa, die anders als ihre Schwägerin Rut nicht mit ihrer Schwiegermutter Noomi nach Betlehem auswandert, sondern zurück zu ihrer eigenen Mutter geht (vgl. Rut 1,6–14).

Rut, die Hauptperson des gleichnamigen Buches, wird von Donaldson (1999, 130–144) aus einer indigenen Perspektive heraus als eine Frau interpretiert, die kulturelle Grenzen überschreitet, um sich in einer fremden und mächtigeren Kultur der patriarchalen Herrschaft zu unterwerfen und so von ihr zu profitieren. Beim Abschied aus Moab hätte sie ebenso wie Orpa ins Haus ihrer Mutter zurückkehren können, ihre Schwiegermutter rät ihr sogar dazu. Sie entscheidet sich jedoch – in Donaldsons postkolonialer Interpretation – für das Leben im Patriarchat, im Haus des Boas, und wird zur Mutter einer männlich-patriarchalen Königsdynastie (Rut 4,17–22). Ruts Schwägerin Orpa hingegen wird als die vorgestellt, die Widerstand leistet: Sie dreht sich um, kehrt den Rücken und geht zu ihrer Mutter, ihren Verwandten, ihrer Kultur, ihrer Heimat zurück. Die hebräische Wurzel ihres Namens ‚Orpa' verweist auf den ‚Nacken' oder den ‚Rücken' und damit exakt auf diese Aktion des Sich-Abwendens.

Donaldson vergleicht Rut, die Hauptdarstellerin dieser Erzählung, mit Geschichten aus der nordamerikanischen Kolonialzeit, die starken Einfluss in der Populärkultur gewonnen haben: Malinche, die Dolmetscherin des Hernán Cortez bei der Eroberung Mexikos, und Pocahontas als Beispiel für die ‚gute Indianerin' in der US-Kultur. Beiden haftet aus indigener Perspektive der Makel der Verräterin an.

Auf diesem Hintergrund verdeutlicht Donaldson, dass indigene Leserinnen dieses biblischen Buches heute auf Ruts Entscheidung mit Entrüstung reagieren. Sie verstehen es als eine Geschichte, in der wieder einmal eine Verwandte sich der hegemonialen Kultur und ihrem Patriarchat unterworfen hat. In der traditionellen Interpretation lässt sich dieser Text in einem Kontext der Kolonialität daher kaum von seinen negativen Implikationen lösen. Donaldson bezeichnet ihn als unlesbar für indigene Frauen.

Orpa hingegen, die andere Moabiterin, die diesem Schicksal ‚den Rücken kehrt', wird von Donaldson als die eigentliche Heldin der Geschichte gesehen. Sie wird zu einer Metapher für das Widerständige im Prozess der Ablösung, der zur dekolonialen Wende gehört: Die Kritik der Kolonialität kann dazu führen, sich wie Orpa von der epistemischen Macht der als fremd betrachteten Kultur abzuwenden und ins Haus der Mutter zurückzukehren. Ablösung von der kolonialen Kultur ermöglicht so die Offenheit für die eigenen Traditionen und Überlieferungen, die eigenen Weltsichten und Interpretationsrahmen.

An dieser Stelle hat die biblische Metapher jedoch auch eine wichtige Interpretationsgrenze: In der dekolonialen Wende geht es meistens nicht darum, die eine Epistemologie durch eine andere zu ersetzen oder gar in eine vorkoloniale Kultur zurückzukehren. Vielmehr geht es um die Offenheit, mit alternativen Denkweisen und Interpretationsrahmen in einen Dialog zu treten. Es ist in der Gegenwart nicht möglich und auch nicht wünschenswert, sich wie Orpa von der mächtigeren Kultur einfach abzuwenden und ihr den Rücken zuzudrehen. Die dekoloniale Wende ermutigt hingegen, sich vom Alleinvertretungsanspruch kolonialer Epistemologien zu lösen und kreativ neue Interpretationen zu wagen, die auch auf das Wissensreservoir und die Weltvorstellung traditioneller Kulturen zurückgreifen, und sie mit anderen Interpretationsrahmen in Verhandlung zu bringen.

Der kolumbianische Theologe Juan Esteban Londoño (2016, 147–164) spricht im Hinblick auf solche widerständigen Bibellektüren vom „rebellischen Leser" und von der „rebellischen Leserin": Eine solche rebellische Lektüre kann sich gegen die gewohnten und traditionellen Auslegungen biblischer Texte richten und nimmt die rezeptionsästhetische Berücksichtigung der gegenwärtigen Kontexte heutiger Bibellesender ernst. Was so ein rebellisch Lesender in der Darstellung Londoños tut, „ist lesen und interpretieren, aber das bedeutet nicht, dass er am Ende der Lektüre ‚Amen' sagen muss: Er stimmt nicht zu, er gehorcht nicht." Eine rebellische Leserin kann wie Orpa im Buch Rut den gewohnten Interpretationen den Rücken zuwenden, wenn sie in einem gegenwärtigen Kontext keine Frohe Botschaft, keine lebensspendende Gute Nachricht entfalten können.

5 Konsequenzen für europäische Theologien

Loslösung und Offenheit kennzeichnen die dekoloniale Wende, auch in der Theologie und konkret in der theologischen Epistemologie. Diese Wende impliziert die Kritik theologischer Kolonialitäten in diskursiven und auch materiellen Fragen. Aus dieser vielfältigen Kritik kann Widerstand erwachsen, die Abwendung von den vertrauten, aber von Kolonialität durchzogenen Strukturen der Theologie. Kritik und Widerstand sind nötig, um die Offenheit für theologische und epistemologische Alternativen zu erarbeiten, damit ein kreativer Raum für Neuverhandlungen in der Theologie eröffnet wird.

Solche Neuverhandlungen können sich wie im ersten Beispiel darauf beziehen, wie Menschen ihre Beziehungen zum Land, zur Erde verstehen. Sie verändern die Vorstellungen davon, wie Einzelne und Gemeinschaft, Mensch und Natur aufeinander bezogen sind. Sie stellen die Wahrnehmung der Geschlechter und ihrer Beziehungen auf den Prüfstand. Unsere Begriffe von Religion, Transzendenz, Gott und Spiritualität können kritisch angefragt oder zurückgewiesen werden, gerade auch unter Rekurs auf die Bibel und die christliche Tradition.

Neuverhandlungen betreffen jedoch auch die theologische Methode und überschreiten Grenzen wissenschaftlichen Arbeitens, wie sie von der europäischen Rationalität gezogen worden sind: Lieder und Tänze, Mythen und Erzählungen, Bilder und Theater können über diese Grenzen hinaus in postkolonialer Perspektive Formen und Quellen theologischer Wissenschaft sein. Postkoloniale Theologien werden in gemeinschaftlicher und dialogischer Arbeit erstellt und weiterentwickelt. Jione Havea (2010, 345–355), Bibelwissenschaftler aus Tonga, vergleicht so beispielsweise die exegetische Arbeit mit *Talanoa*, dem rituellen Erzählen von Geschichten in seiner eigenen indigenen Tradition: Das gemeinschaftliche und kreative Nach- und Neuerzählen traditioneller Geschichten besitzt eine spirituelle Dimension, durch die die Gemeinschaft und ihre ökologischen Beziehungen religiös aufrechterhalten und erneuert werden.

Postkoloniale Theologien verstehen sich in ganz ähnlicher Weise daher als prinzipiell dynamisch und schöpferisch. Die abschließende und alles erklärende theologische Summe oder das systematische Handbuch sind ihnen fremd. Vielmehr rechnen sie immer mit der eigenen Vorläufigkeit und Unabgeschlossenheit, bewahren sich dadurch aber auch den Spielraum für Korrekturen und Transformationen, die immer wieder nötig sein werden.

Postkoloniale Theologien stellen vieles in Frage, was theologisch als selbstverständlich gilt. Denn einerseits analysieren sie die Theologie selbstkritisch unter der Rücksicht, inwieweit ein bestimmter theologischer Gedanke zur Legitimierung des Kolonialismus und der damit einhergehenden Zerstörungen dienen konnte. Andererseits decken sie auf, inwieweit koloniale Denkmuster in der Geschichte in die theologische Argumentation selbst eingegriffen haben und welche Spuren sie dort hinterlassen haben. Diese doppelte Kritik kann sehr zentrale Aspekte der Theologie betreffen.

Wenn sich Theologien in Europa von diesen kritischen Anfragen betreffen lassen, können sie erhebliche Verunsicherungen erfahren – und das ist durchaus beabsichtigt. Denn es sind die scheinbaren theologischen Sicherheiten, die im postkolonialen kulturellen Kontext für die Hartnäckigkeit kolonialer Denkmuster verantwortlich sind. Das Aufbrechen solcher Sicherheiten kann daher zu einer

Befreiung führen. Die Kolonialität der Theologie engt sie ein und verfremdet sie. Durch die dekoloniale Kritik ist es möglich, aus diesem Korsett einer kolonialismuskonformen Theologie auszubrechen und sich erneut zur Botschaft des Evangeliums zu bekehren.

Dazu sind aber der Dialog und die Auseinandersetzung mit den kritischen Perspektiven außerhalb Europas notwendig. Sie beginnen mit dem wohlwollenden Hören (und Lesen) sowie dem aufmerksamen und selbstkritischen Wahrnehmen der von den postkolonialen Theologien beschriebenen Einschränkungen der Theologien Europas. Es geht nicht darum, diese europäischen Theologien durch andere zu ersetzen, sondern eher um die Bereitschaft zu einem gemeinsamen Lernprozess, in dem gewohnte und zur Sicherheit gewordene Positionen zur Disposition stehen dürfen. Dann kann dieser Dialog zu einer Befreiung von der Last der Kolonialität führen. Diese Verheißung bildet den Horizont für die Auseinandersetzung mit postkolonialen Theologien in Europa.

Literaturverzeichnis

Budden, Chris. 2009. *Following Jesus in Invaded Space: Doing Theology on Aboriginal Land*. Eugene: Wipf & Stock.

Castro-Gómez, Santiago und Ramón Grosfoguel, Hg. 2007. *El giro decolonial. Reflexiones para una diversidad epistémica más allá del capitalismo global*. Bogotá: Siglo del Hombre.

Chitando, Ezra. 2020. „The Bible as a Resource for Development in Africa. Ten Considerations for Liberating Readings." In *Religion and Development in Africa*, hg. v. Ezra Chitando, Masiiwa Ragies Gunda und Lovemore Togarasei, 399–415. Bamberg: University of Bamberg Press.

Donaldson, Laura E. 1999. „The Sign of Orpah: Reading Ruth through Native Eyes." In *Ruth and Esther. A Feminist Companion to the Bible*, Second series 3, hg. v. Athalya Brenner, 130–144. Sheffield: Sheffield Academic Press.

Donaldson, Laura E. 2002. „Native Women's Double Cross. Christology from the Contact Zone." *Feminist Theology* 10(29): 96–117.

Havea, Jione. 2010. „The Politics of Climate Change. A Talanoa from Oceania." *International Journal of Public Theology* 4: 345–355.

Healy, Susan. 2019. „Settler Christianity and the Taking of Māori Land." In *Listening to the People of the Land. Christianity, Colonisation and the Path to Redemption*, hg. v. Susan Healy, 73–95. Auckland: Pax Christi Aotearoa New Zealand.

Londoño, Juan Esteban. 2016. „Hermenéuticas postcoloniales." *Alternativas: revista de análisis y reflexión teológica* 49: 147–164.

Mignolo, Walter D. 2007. „El pensamiento decolonial: desprendimiento y apertura. Un manifiesto." In *El giro decolonial. Reflexiones para una diversidad epistémica más allá del capitalismo global*, hg. v. Santiago Castro-Gómez und Ramón Grosfoguel, 25–46. Bogotá: Siglo del Hombre.

Quijano, Aníbal. 1992. „Colonialidad y modernidad/racionalidad." *Perú indígena* 13(29): 11–20.

Schmidlin, Joseph. 1913. *Die katholischen Missionen in den deutschen Schutzgebieten*. Münster: Aschendorff.

Silber, Stefan. 2018. *Poscolonialismo. Introducción a los estudios y las teologías poscoloniales*. El tiempo que no perece 3. Cochabamba: Itinerarios/CMMAL.
Silber, Stefan. 2021. *Postkoloniale Theologien. Eine Einführung*. UTB 5669. Tübingen: Narr Francke Attempto.
Spivak, Gayatri Chakravorty. 2010. *Crítica de la razón poscolonial. Hacia una historia del presente evanescente*. Madrid: Akal.

Torsten Meireis
Theologische Dekolonisierung
Ein Blick von babylonischen Ufern

> An den Strömen Babels – dort saßen wir und weinten, wenn wir uns an Zion erinnerten. An die Pappeln mitten darin hängten wir unsere Leiern. Ja, dort forderten die, die uns gefangen weggeführt hatten, von uns Liedverse, und die uns zum Weinen brachten, Freude: Singt uns eins der Zionslieder! Ach! – Wie könnten wir ein Lied des Lebendigen auf fremder Erde singen? (Ps 137,1–4)

Die Klage, die in der Regel auf die Exilgemeinde Israels zurückgeführt wird, die zwischen 597–539 v. Chr. von der Großmacht Babylon in ihre Mutterstadt deportiert worden war, hat auch in der Moderne noch Nachhall gefunden:

> By the rivers of Babylon, there we sat down, yea, we wept, when we remembered Zion ... But the wicked carried us away in captivity requiring of us a song ... Now how shall we sing King Alpha song in a strange land? ... Let the words of my mouth, and the meditation of my heart, be acceptable in thy sight, O-Far-I.

Der Text dieses sehr bekannten Reggae-Songs, der von den jamaikanischen Musikern Brent Dowe und Trevor McNaughton als Band *The Melodians* 1970 veröffentlicht wurde (Stowe 2012), ist nicht nur von Psalm 137,1–4, sondern auch von Psalm 19,15 inspiriert. ‚Babylon' wurde dabei zur Bezeichnung der ehemaligen kolonialen Zentren des globalen Nordwestens, die Analogie zum Exil Israels lag nicht zuletzt in der Versklavung und Deportation afrikanischer Menschen (Davidson 2008).

Das Schicksal dieses Liedes und seines Textes kann als Paradebeispiel derjenigen Probleme gelten, um die es in dekolonialen Zugriffen geht. Gleichzeitig lässt sich daran auch zeigen, warum der dekoloniale Zugriff gerade auch aus einer für die Anliegen des globalen Südens aufmerksamen, global-nordwestlichen, hier: europäischen Perspektive, also gleichsam vom modernen Babylon aus, theologische Aufmerksamkeit verdient.

Die Klage der Unterdrückten, wie sie sich auch in den Psalmen Israels niedergeschlagen hat, wurde im Mittelmeerraum in der hellenistischen Epoche unter römischer Herrschaft sowohl von den Juden als auch der entstehenden jüdischen Sekte der Christen verbreitet. Sie enthielt eine Botschaft, die die versklavten Bevölkerungen Afrikas, Asiens und Amerikas während der Kolonisierung durch Europa

---

Anmerkung: Der vorliegende Text ist im Rahmen des durch DFG und NRF geförderten IGK 2706 *Transformative Religion* der Humboldt-Universität zu Berlin sowie der Universitäten Stellenbosch, Western Cape und KwaZulu-Natal entstanden, als dessen Sprecher Torsten Meireis fungiert.

trotz des damit einhergehenden kulturellen und religiösen Zwangs sehr gut zu hören vermochten. Aus der Verbindung von Fragmenten ihrer unterdrückten Kulturen und Religionen mit christlichen Motiven, die in den Missionsschulen gemeinsam mit Alphabet und handwerklichen Techniken gelehrt wurden, entwickelten die Menschen eigenständige religiöse Hybride, die unter anderem Unterdrückungserfahrungen und Befreiungshoffnung verbanden: so auch in Amerika und der Karibik – wie natürlich auch die europäische Form des Christentums ein Hybrid darstellt.

Die jamaikanische Rastafari-Bewegung ist solch ein Hybrid. Sie entstand in den 30er Jahren des 20. Jahrhunderts, ihre Vertreter griffen für ihren Namen auf den amharischen Titel des König (Ras) Tafari, Titel und Geburtsnamen des früheren äthiopischen Kaisers Haile Selassie, zurück, den sie als afrikanischen Messias ansahen. Die frühesten Versionen des Liedes *By the Rivers of Babylon* wurden von den jamaikanischen Behörden wegen der Anspielung auf den Rasta-Glauben verboten, vor allem der Erwähnung von *King Alpha* und *O Far I*, beides Bezüge auf Haile Selassie. Nach der Aufhebung des Verbots wurde das Lied ein Gassenhauer – in Jamaika (Stowe 2012, 107–112).

In der übrigen Welt, besonders ihrem nordwestlichen Teil, wurde das Lied einigen Interessierten durch den jamaikanischen Thriller *The Harder They Come* von 1972 nahegebracht, dessen Soundtrack Musik bot, die sich dann zu Reggae entwickeln sollte. Allerdings blieb das ein Nischenphänomen und das Lied in Europa und den USA meist unbekannt – bis es die deutschen Musikproduzenten Frank Farian und Hans-Jörg Meyer (Künstlername *Rayem*) in ein marktgängiges, tanzbares Produkt für den westlichen Mainstream verwandelten. Sie entfernten alle Hinweise und politischen Anspielungen auf Reggae, Rastafari und ein anderes als das touristisch konsumierbare Jamaika (Stowe 2012, 109) und nahmen es gemeinsam mit einigen Studiomusikern als Discosong auf.

Dann suchten und fanden sie eine Gruppe gutaussehender nichtweißer Sängerinnen und Sänger – die Jamaikanerinnen Marcia Barrett und Liz Mitchell, die Britin Maizie Williams und den Niederländer Bobby Farrell. Farrell sang lediglich Playback zu Farians Stimme und auch Williams war auf der Studio-Version nicht zu hören: gleichwohl waren sie alle leichtbekleidet auf den Albencovern zu sehen und wurden unter dem Namen *Boney M* vermarktet. Die Single verkaufte sich dann mehr als 10 Millionen Mal in Europa, Australien und den USA. Auf den ersten Auflagen der Single wurden nur Farian und Meyer als Texter und Komponisten genannt. Allerdings wurden Dowe und McNaughton irgendwann auf den Sachverhalt aufmerksam, intervenierten, drohten eine Urheberrechtsklage an, wurden in der Folge dann genannt und erhielten einen Anteil der Gewinne (Pendzich 2004, 225–226).

Bis heute ist das Lied – vor allem in der Boney M-Version – global bekannt, wurde – einem instruktiven Wikipedia-Artikel (2018) zufolge – dem scheidenden Papst Johannes Paul II. von einer Million Iren in Limerick als Abschiedsständchen dargebracht, wurde in das offizielle Gesangbuch der Unitarian Universalist Association aufgenommen, wird in internationalen Computerspielen verwendet und spielt sogar eine Rolle in einem hochdekorierten Film aus der kasachischen Steppe (*Tulpan*), wo es für ein freies Leben steht. Und obwohl das Lied geradezu totvermarktet wurde, lässt sich die religiöse Botschaft von der Befreiungshoffnung nicht so einfach überschreiben, so scheint es jedenfalls.

By the Rivers of Babylon hat alles – das Lied trägt die Spuren der Kolonisierung, des Widerstandes, der kapitalistischen Vereinnahmung und der kulturellen Aneignung, der Ausbeutung, Ausbreitung und erneuten Widerstandes, der sich auf das beziehen lässt, was wir als den Geist des Psalms verstehen können. Damit hat es Ähnlichkeit mit der wissenschaftlichen Erkenntnis in ehemaligen kolonisierten und kolonisierenden Ländern: Auch sie trägt die Spuren der Unterdrückung von Menschen durch Menschen, sie strukturiert die Wahrnehmung von Selbst und Welt, kann selbst verschleiernd wirken und trägt doch das Aroma von Befreiung und Hoffnung trotz der Verquickung mit politischer und ökonomischer Macht.

Der Spur des Liedes folgend beschäftigt sich der vorliegende Text zunächst mit den Spuren der Kolonialisierung bei den Kolonialisierenden und damit der Notwendigkeit der Dekolonisierung im deutschen Kontext (1), um dann Ressourcen des Widerstands gegen fortdauernde Kolonialität und damit normative und theologische Grundlagen sowie das Befreiungspotential in unseren europäischen Kontexten zu erörtern (2). Schließlich möchte ich Konsequenzen für eine Theologie jenseits von Essentialismus und Identitätspolitik zur Diskussion stellen (3).

1 Die Notwendigkeit der Dekolonisierung

Eine der zentralen Einsichten, die mit der Entwicklung der *Sustainable Development Goals* einhergingen, war diejenige, dass es vor allem auch die Staaten des globalen Nordwestens sind, die der Entwicklung bedürfen, etwa was die Förderung resilienter und klimagerechter Städte, die Biodiversität oder den verantwortlichen Konsum angeht.

Den Begriff ‚Dekolonisierung' gebrauche ich hier im Anschluss an Walter Mignolos (2011, 1–26) Darstellung. ‚Dekolonisierung' bedeutet in seinem Sinne die intellektuelle Kritik eines eurozentrischen Wissenssystems, das in den kolonisierenden Ländern seit der Renaissance entstanden ist. Diese Kritik beinhaltet unter anderem die Einsicht, dass die ‚koloniale Machtmatrix' ihre Wirkung entfaltet, indem sie Weltanschauungen und Epistemologien strukturiert, die den Kolonisierten noch lange nach der formalen politischen Unabhängigkeit von den früheren Kolonisten oktroyiert werden – ein Zeichen dafür ist etwa die Vorherrschaft der Sprachen und Wissenschaftssysteme der Kolonisten.

Durch Beispiele aus dem kirchlichen, politischen und akademischen Bereich lässt sich die Notwendigkeit der Dekolonisierung untermauern. Keiner und keine der benannten Akteurinnen und Akteure intendiert dabei Unterdrückung oder Missachtung – ganz im Gegenteil: aber gerade diese Unabsichtlichkeit demonstriert die fortdauernde strukturelle Macht dessen, was Mignolo die koloniale Matrix nennt. Ein erstes Beispiel stammt aus der Tätigkeit der Christoffel Blindenmission, die sich für beeinträchtigte Menschen im globalen Süden einsetzt. Zwischen 2004 und 2006 lancierte die Organisation eine Spendenkampagne mit dem Bild einer schwarzen Person, deren Augen durch Geldschlitze ersetzt worden waren, wie sie in Sparbüchsen üblich sind. Die Werbeagentur, von der das Poster stammte, hatte sogar einen Preis für die Kampagne erhalten.

Die Assoziation der verzerrt dargestellten Figuren schwarzer Menschen, mit denen christliche Gemeinden Geld für die Missionsarbeit sammelten und in denen ein Mechanismus dafür sorgte, dass die Figur dankend nickte, sobald Geld eingeworfen wurde, ist nicht sonderlich weit hergeholt. Unabsichtlich rief auch das CBM Poster von 2004 koloniale Stereotypen auf, in denen Menschen brauner und schwarzer Hautfarbe als arm, beeinträchtigt, hilflos, unterentwickelt und auf der Empfängerseite der Hilfe erscheinen. Proteste kamen erst 2006 auf, dann aber eher wegen Klischees der Behinderung, nicht des Kolonialismus. Die Organisation entschuldigte sich umgehend, man habe die Gefühle blinder Menschen nicht verletzen wollen, sondern durch eine provokative Darstellung die Wirkung hiesiger Spenden zu verdeutlichen gesucht: „Das bewusst verfremdete Bild einer selbstbewussten Person sollte den Betrachter zum Handeln motivieren." (CBM 2006) Dass dies auch rassistische und kolonialistische Stereotype aufrufen könnte, kam den Verantwortlichen nicht in den Sinn.

Allerdings geht es in der Anführung dieses Beispiels nicht darum, die Verantwortlichen moralisch zu diskreditieren, denn blinde Flecken der Wahrnehmung und unbewusste Klischees gehören zur conditio humana dazu. Stereotype können im Alltag eine entlastende Funktion haben, sofern sie helfen, Unsicherheiten zu bearbeiten (Nassehi 2011, 150–156). Individuell zurechenbar und moralisch problematisch ist allein eine Haltung, die blinde Flecke und ihre Korrekturnotwendigkeit leugnet – strukturell stellen allerdings gerade die nicht intendierten Diskriminierungen ein zu bearbeitendes Problem dar.

Dass es auch in der deutschen Politik koloniale Stereotype gibt, lässt sich unschwer an einer der letzten Initiativen des Deutschen Bundesministeriums für

Wirtschaftliche Zusammenarbeit und Entwicklung zeigen, dem *Marshall Plan mit Afrika* (BMZ 2017). Während einer Veranstaltung über die Rolle von Ethik, Werten und Eigeninteresse in der sog. Entwicklungspolitik, die TheologInnen, PhilosophInnen und Kirchenleute versammelte, war der damalige Minister Müller enorm stolz auf seine Idee, diese wirtschaftliche Zusammenarbeitsinitiative so zu benennen. Der ursprüngliche Marshall Plan (eigentlich *European Recovery Program*) wurde von 1948–1952 durchgeführt, transferierte etwa 13,12 Milliarden Dollar in die durch den Krieg zerstörten westeuropäischen Länder und diente sowohl humanitären Zielen als auch der engeren Anbindung Europas an die USA und dem Absatz amerikanischer Produkte. „So wird die Idee überall sofort verstanden, in den USA, Japan", entgegnete Müller auf den Einwand und Gegenvorschlag des damaligen Vorsitzenden der Initiative *Globethics*, des Nigerianers Obiora Ike, der eine Benennung als Mandela-Plan nahegelegt hatte.[1] Allerdings entspricht die Einseitigkeit der Hilfe, die dieses Etikett transportiert, ganz und gar nicht der Rhetorik gleicher Partnerschaft in der Programmbeschreibung. Außerdem wird Afrika als Ganzes unterschiedslos mit dem zerstörten Europa der Nachkriegszeit verglichen – und das ist ohne Zweifel so nicht zutreffend, auch wenn es in Afrika einige Kriegsschauplätze gibt.

Im Blick auf die deutschsprachige evangelische Systematik lässt sich etwa Arnulf von Schelihas Entwurf einer Ethik des Politischen nennen: Er erläutert, dass jede zeitgenössische politische Ethik die moderne Freiheitsentwicklung berücksichtigen müsse (Scheliha 2013, 221) und rekonstruiert eine Genealogie, die von der Reformation über Kant zu Schleiermacher reicht. Die von Mignolo und anderen zur Geltung gebrachte Tatsache, dass diese Ideengeschichte in die faktische Geschichte der Unterdrückung und Subalternität verstrickt ist, in der die Subalternen nur gegen die Unterdrückung protestieren können, sofern sie sich ihr fügen, wie Gayavortri Spivak erläutert (de Kock 1992, 45–46), erscheint in dieser Genealogie nicht, in der die deutschen demokratischen Institutionen als Höhepunkt der Entwicklung präsentiert werden.

Dass eine Sicht, die europäische Wissens- und Denkschemata, eine europäische Epistemologie, als allen anderen überlegen behauptet, auch theologisch problematisch ist, lässt sich auf unterschiedliche Arten zeigen, ich beschränke mich hier auf zwei. In Bezug auf die europäische Tradition lässt sich Karl Barths Idee nennen, dass jeder menschliche Versuch, Gott durch menschliche Mittel zu nahe zu kommen, zu kritisieren ist, weil er in der Regel mit religiösen Vorherrschafts- und Machtansprüchen einhergeht, auch wenn wir als Menschen ständig so han-

---

[1] Die Veranstaltung vom 15.03.2017, als deren Gastgeber der damalige Minister Gerd Müller fungierte und an der der Verfasser selbst teilgenommen hat, fand in den Räumen des BMZ statt und diente der Diskussion des Konzepts eines *Marshall Plan with Africa*, als Kommentatoren waren unter anderem Vittorio Hösle und Obiora Ike eingeladen.

deln (Barth 1938, 304–397). Entsprechend wollte Barth mit dieser Kritik auch bei sich selbst, den ChristInnen und ihren Kirchen anfangen – dass dies durchaus notwendig ist, lässt sich auch an seinem eigenen Oeuvre zeigen (Hennecke 2018). Sofern religiöse Vorstellungen in der Regel kontextuell geprägt sind und damit die Versuchung mit sich bringen, den eigenen Kontext über den anderer zu stellen, dürfte es plausibel sein, die Perspektive dieser Kritik durch das Einbringen unterschiedlicher Kontexte und Verkörperungen des Glaubens zu schärfen. Zweitens kann eine dekoloniale Kritik europäischer Religion und Theologie auch die europäische, oft unreflektiert universalisierte Annahme hinterfragen, die Säkularisierung sei ein irreversibler und notwendiger Prozess. Bildlich gesprochen: Wenn ‚Babylon' nicht aufhört, sich als allumfassende Welt statt als eine Stadt unter vielen anderen zu verstehen, steht ihr Fall unmittelbar bevor. In der Theologie besteht dieser Niedergang in der restaurativen Beschäftigung mit morschen Türmen statt mit den lebendigen Herzen der Menschen.

2 Universalistische Moral als geltungstheoretische Grundlage der Dekolonisierung

Bisher habe ich vorausgesetzt, dass Dekolonisierung eine moralische Verpflichtung sei. Aber warum soll sie das sein? Im folgenden Teil werde ich auf Mignolos Darstellung der Dekolonisierung aufbauen und dann ein Konzept universaler Menschenrechte als Grund der Dekolonisierung zu verteidigen suchen. Mignolo kritisiert zunächst das Missverhältnis zwischen dem Modernisierungsnarrativ und der kolonialen Logik, die er als die zwei Seiten der Globalisierung versteht (Mignolo 2011, 5), im Wesentlichen also die Doppelmoral der Kolonisatoren (Mignolo 2011, 302). Während die Kolonisierenden allen, die ihrem Wissenssystem unkluger- oder gezwungenerweise folgten, ein Loblied auf Modernität, Freiheit und Entwicklung vorsangen, bereicherten sie sich auf Kosten der Kolonisierten. Während der Westen ein Narrativ der Menschenwürde und der Menschenrechte entwarf, fungiert dieses als „imperial project stemming from the moral imperial sector" (Mignolo 2011, 236). Denn die Bemühungen um Menschenrechte in einer rassistisch hierarchisierten Welt werden sich zwingend auf den Teil der Bevölkerung richten, den die Herrschenden als wertvoll verstehen: „As far as humanrights operations in a world in which the population is racially ranked, human rights will necessarily and naturally focus on the most valuable sector of the population." (Mignolo 2011, 263). Insgesamt geht Mignolo davon aus, dass der Glaube an ein nachhaltiges System des Wissens, das zunächst in theologischer, dann in säkular philosophischer und naturwissenschaftlicher Form artikuliert wurde, der Welt schadet, weil ein solcher „Western Code" eben nicht der gesamten Menschheit, sondern dem kleinen Teil dient, der behauptet, wissenschaftstheoretisch gebe es nur ein plausibles Paradigma (Mignolo 2011, xii).

So gesehen ist die Grundidee der dekolonialen Sicht, die Welt über diese Ideologie aufzuklären. Mignolo schlägt dann globale kommunale Ordnungen vor, die auf einer Pluriversalität als universalem Projekt basieren. Diese Pluriversalität müssen alle konkurrierenden Optionen akzeptieren. Sie fordert eine individuelle, institutionelle und staatliche Verpflichtung auf den Grundsatz, dass niemand das Recht hat, eine andere Person zu beherrschen (Mignolo 2011, 23). Im Blick auf die normative Sprache, die Mignolo verwendet, geht es um Herrschaftskritik, das Freiheitsstreben und vor allem den Kampf um Anerkennung. Deswegen ist es auch nicht verwunderlich, dass Mignolo sich vor allem an westlichen Denkern abarbeitet – Agamben, Dilthey, Grotius, Hegel, Carl Schmitt, de Vitoria, um nur einige zu nennen; ein ganzes Kapitel ist allein der Kantkritik gewidmet (Mignolo 2011, 181–212).

Da Mignolo ganz offensichtlich weder einen Skeptizismus noch einen moralischen Relativismus vertritt und mit vielen Aufklärungsideen übereinstimmt, kann man die Moderne- und Aufklärungskritik, die er bietet, in Hegelschen Termini als ‚bestimmte Negation' verstehen, die ihr Objekt zwar verneint, aber nicht abstrakt und in Gänze, sondern so, dass die Negativität und Nichtigkeit der Kritik „das Nichts dessen ist, woraus es resultiert ... es ist hiermit selbst ein bestimmtes und hat einen Inhalt" (Hegel 1807, 74). Damit aber stellt es selbst eine neue Gestalt dar. Das Gegenteil wäre Skeptizismus, der nichts gelten lässt. Wir müssen Hegels Idee eines geschlossenen Systems keineswegs akzeptieren, um zu verstehen, dass diese Art konstruktiver und produktiver Kritik mit ihrem Objekt verstrickt bleibt und schon deswegen viel dessen bewahrt, was kritisiert wird. Vielleicht könnte man sogar sagen, dass Mignolos Kritik in sich selbst ein aufklärerisches Projekt darstellt.

So geht Mignolo auch von der Idee der Menschenwürde aus und billigt Menschenrechtspraktiken (Mignolo 2011, 33.218.236.263.336). Die zentrale Frage, die den dekolonialen vom imperialen Diskurs unterscheidet, ist dann natürlich: „Wer spricht für den Menschen in den Menschenrechten?" (Mignolo 2009) – eine Frage, die den Anerkennungsdiskurs fokussiert. Was den Menschenrechtsdiskurs für Mignolo ideologisch macht, ist die Tatsache, dass dieser in vielen Hinsichten exklusiv war und ist: Denn erstens zählt nicht jeder Mensch: Mignolo verwendet hier Nishitani Osamus (2006) Unterscheidung von ‚Mensch' – als Person, die im Sinne der Menschenrechte zu berücksichtigen ist – und ‚anthropos' – als bloßes Gattungswesen, das diese Berücksichtigung erst noch verdienen muss –, um das zu plausibilisieren. Zweitens führt Mignolo an, dass nicht jedes menschliche Wesen (anthropos) Mitspracherecht und -möglichkeit in den narrativen Gemeinschaften hatte, die die Vorstellung der Menschenwürde, die Erzählung von der Sakralität der Person (Joas 2011) über die letzten 250 Jahre entwickelt haben und heute noch weiterentwickeln, zumal die Macht- und Teilnahmestrukturen, die über die Entwicklung internationalen Rechts bestimmen, noch sehr viel exklusiver sind als die Erzählgemeinschaften. Drittens argumentiert Mignolo, dass auch nicht jedes menschliche Wesen die Möglichkeit hatte, seine Rechte erfolgreich einzufordern oder auch nur zu kennen. Weil moralische Menschenrechte nicht automatisch rechtliche Menschenrechte darstellen und diese sich oft nicht unmittelbar in tatsächliche Menschenrechte übersetzen lassen, scheint die Idee angesichts der Realitäten politischer oder ökonomischer Macht eher zahnlos. Mit Tinyiko Maluleke ließe sich im Sinne Mignolos, aber über Mignolo hinausgehend hinzusetzen: Für viele Menschen, für die der gewaltsame Kampf um das bloße Leben den Alltag darstellt, erscheint die Idee eines Diskurses um Menschenwürde oder die Vorstellung von Menschenrechten gegenstandslos (Maluleke 2011). Diese Macht- und Exklusionskonflikte werden natürlich schon länger diskutiert. Sozialphilosophen wie Axel Honneth oder Rainer Forst haben die ‚Kämpfe um Anerkennung' untersucht und herausgestellt, dass sich die Bandbreite derjenigen, die als moralische und rechtlich Gleichwertige Anerkennung errungen haben, in diesen Kämpfen erweitert hat (Honneth 1996, Forst 1994). Nancy Fraser hat Gayavortri Spivaks Konzept der ‚epistemischen Gewalt' (Spivak 1988, 78) aufgenommen, um ‚subalterne Gegenöffentlichkeiten' beschreiben zu können (Fraser 1990, 67). Und die Grundidee aller dieser Konzepte ist natürlich nicht, dass diese Kämpfe nur entscheiden, wer in den imperialen hegemonialen Diskursen zur Sprache kommt und sozusagen ein Stückchen vom ungerecht geteilten Kuchen abbekommt (de Kock 1992), sondern diese Diskurse selbst zu verändern.

Zusammengenommen bedeutet dieser Befund nun allerdings, dass alle Berichte von der Verzerrung und dem Missbrauch des Menschenrechtsdiskurses und korrespondierender Praktiken, so zutreffend sie auch sind, die normativen Vorstellungen einer universalen Menschenwürde und universaler Menschenrechte nicht entwerten. Dies ist deswegen der Fall, weil die Kritik der Menschenrechtsverzerrung die Idee universaler Menschenwürde und korrespondierender Menschenrechte voraussetzen muss, um überhaupt ein Kriterium zu haben, an dem eine Praxis als Missbrauch gewertet werden kann – wie auch Mignolo das tut. Und obwohl es natürlich richtig ist, dass wir alle verkörpert, situiert und kontextualisiert sind, müssen wir uns doch auf den gewaltlosen Diskurs einlassen, um überhaupt normative Vorstellungen zu entwickeln, denen wir alle zustimmen können.

Normativ gesehen, muss ein gültiges Argument für die Idee und Praxis universaler Menschenrechte in meiner Sicht zwei Bedingungen erfüllen: Erstens und formal muss es argumentativ bewährt werden und kann nur Geltung beanspruchen, wenn die Gründe von allen Betroffenen frei akzeptiert werden können – das bedeutet angesichts der faktischen Beschränkungen von Diskursen, dass die Gültigkeit immer nur angenommen ist, als Geltungsanspruch vorliegt, der bestritten werden kann. Das impliziert aber die wechselseitige Verpflichtung, sich gegenseitig zuzuhören und alle sprechen zu lassen und sich offensiv für die Möglichkeit einzusetzen, in der alle diese Möglichkeit haben. Das ist keine Kleinigkeit, weil es hier natürlich auch um ökonomische und politische Macht geht, aber wenn wir nicht die Hoffnung hätten, dass ein „universales Konzept der Pluriversalität" (Mignolo 2011, 23) oder die global akzeptierte Idee des Herrschaftsverzichts, die Mignolo mit Ottobah Cugoano vertritt, möglich wären, könnten wir auch jede dekoloniale Anstrengung als vergeblich aufgeben.

Zweitens und material muss ein gültiges Argument für universale Menschenrechte eine Basis identifizieren, die über die Kulturen und Religionen und Weltanschauungen hinweg plausibel sein könnte. Das ist natürlich höchst problematisch, denn wer könnte schon beanspruchen, für jede/n Menschen zu sprechen? Michael Walzer hat deswegen die Idee eines Prinzipienuniversalismus (*covering-law universalism*) zugunsten eines rekursiven Universalismus (*reiterative universalism*) verworfen (vgl. Walzer 1996, 159–161, vgl. auch Reuter 1999, 94). Die Grundidee ist dabei, dass wir Menschen gemeinsame Lernerfahrungen darüber haben, was wir als Ungerechtigkeit verstehen – Hans-Richard Reuter hat vorgeschlagen, exemplarische Unrechtserfahrungen als eine solche Basis zu verstehen. Aber natürlich können auch solche Erfahrungen nur die Basis von Menschenrechtsansprüchen darstellen, der Grund ihrer validen in-Geltung-Setzung kann nur eine wie auch immer konfigurierte Vorstellung allgemeiner Zustimmung sein, die immer offen für Dissense bleiben muss.

Um als exemplarische Erfahrungen zu zählen, müssen sie Hans-Richard Reuter (1999) zufolge Unrechtserfahrungen sein, also auf menschliches Handeln zurückgehen (1), eine schwere Verletzung des Selbstkonzepts beinhalten (2) und aus unterschiedlichen weltanschaulichen, religiösen, sozialen Perspektiven als solche verstehbar sein (3). Dazu zählen etwa die Verletzung der körperlichen Integrität und des Lebens, die Verletzung der rechtlichen Subjektposition, des Hannah Arendtschen Rechts, Rechte zu haben, oder der freien Wahl der Lebensform, also kultureller und sozialer Rechte. Diese Erfahrungen können deswegen als exemplarisch gelten, weil sie die wechselseitige Anerkennung als Menschen als Basis jeder Gerechtigkeit und jeden Rechts zerstören, sofern sie Menschen zu bloßen *anthropoi* degradieren, die nicht im Vollsinn als Personen zu berücksichtigen sind. Wenn die Argumentation stichhaltig ist, können wir sagen, dass Dekolonisierung deswegen verpflichtend ist, weil sie auf uneingelöste universale moralische Verpflichtungen hinweist.

Eine solche Argumentation lässt sich auch aus christlicher Perspektive artikulieren: Es ist die in den als utopische Erinnerung (Ebach 1986) zu konzeptualisierenden Schöpfungsmythen des ersten Testaments benannte unterschiedslose Würdigung der Menschen durch Gott als verantwortliche AkteurInnen und als AdressatInnen der Versöhnung in Christus im zweiten Testament, die eine gleiche Menschenwürde begründet – gleiche Menschenwürde impliziert gleiche Partizipation an der Formulierung der Regeln, die alle betreffen, die allgemeine Berufung zum Dienst am Nächsten impliziert Beteiligung, Befähigung und Ermächtigung dazu (Meireis 2008, 344–379).

3 Theologie jenseits von Essentialismus und Identitätspolitik

Die Bedeutung der dekolonialen Perspektive für christliche Theologie im globalen Nordwesten besteht meiner Auffassung nach also in mindestens drei Punkten: Erstens ist die Offenheit für eine Ideologie- und Religionskritik nötig, um ‚blinde Flecke' je eigener Positionalität und Ideologie aufzudecken. Wiewohl dazu eine selbstkritische Einstellung erforderlich ist, impliziert diese vor allem eine Bereitschaft, die kritischen Hinweise anderer zu hören. Zweitens macht die Verbindung zur globalen Christenheit auch eine kontextuelle Einordnung der Säkularisierungsthese nötig (vgl. Casanova 2006). Schließlich erlaubt die Rezeption anderer Typen hybrider christlicher Religiosität als der im globalen Nordwesten gängigen auch neue Perspektiven auf globale Herausforderungen wie etwa die der Nachhaltigkeit, zum Beispiel Konzepte wie die des *human flourishing* (Volf 2017).

Damit komme ich zum Fazit: Dekolonisierung – wie hier an Mignolo untersucht – ist nicht ein totaler Bruch, eine abstrakte Negation der Aufklärung, sondern kann als ihre bestimmte Negation und insofern Weiterentwicklung der Aufklärung verstanden werden – das ist positional und politisch für eine provinzialisierte europäische Perspektive wichtig, weil sie das Projekt der Dekolonisierung an bestimmte Traditionen anschließen kann, geltungsmäßig ist es bedeutsam, weil ein kulturalistischer Relativismus letztlich die Basis wechselseitiger Verständigung, Anerkennung und damit auch des dekolonialen Projekts unterminieren müsste. Damit lässt sich dann nämlich zweitens auch einer Verwendung dekolonialer Sprache zur ideologischen Rechtfertigung illiberaler und identitärer Regionalismen entgegentreten, wie wir sie etwa in fremdenfeindlichen Parteien wie der ungarischen Fidesz, der deutschen AfD, der Schweizer SVP oder dem französischen Front (seit 2018: Rassemblement) National beobachten können. Zudem besteht dann auch für europäische Christinnen und Christen Hoffnung: Wie europäische Christinnen und Christen erst über die Zeit gelernt haben, die imago dei als Würdezusage an jeden Menschen zu verstehen, können wir vielleicht auch lernen, unsere eigene Perspektive zu dekolonisieren.

Eine dekoloniale Perspektive im globalen Norden muss eigene Kontexte und soziale Positionalitäten reflektieren und mit der Selbstkritik beginnen. Sie muss für die Narben und Spuren der Unterdrückung vor allem bei den Unterdrückten, aber auch den Unterdrückern sensibel sein, sie muss die Perspektive der Unterdrückten priorisieren und die Formierung von Erfahrung und Erkenntnis durch die Unterdrückungspraxen kritisieren. Aus meiner Position bedeutet das die Anerkennung der Notwendigkeit einer Dezentrierung und Provinzialisierung Europas, ohne den Versuchungen von kulturellem Relativismus oder gar identitärem Essentialismus zu erliegen.

Von den Flüssen Babylons aus gesprochen: Die Klage eines gefangenen Volks, das seine verlorene Heimat und Freiheit betrauert und beides von Gott erwartet, hat nicht nur Jüdinnen und Juden sowie die frühen Christinnen und Christen inspiriert, sondern auch diejenigen, die unter der Herrschaft ihrer Nachkommen zu leiden hatten. Und die Geschichte hört hier nicht auf, denn das Lied Israels und die Hoffnung auf Befreiung überspringt die Grenzen, die von Unterdrückungsregimes gezogen werden, von Babylon über den hellenistischen Mittelmeerraum, von den rebellierenden europäischen Gläubigen zu denjenigen, die im Namen Gottes und der europäischen Wissenschaft unterdrückt und kolonisiert wurden – und darüber hinaus.

Literatur

Barth, Karl. [1938] 1948. *Die kirchliche Dogmatik*. Bd. 1 2. *Die Lehre vom Wort Gottes, Prolegomena zur kirchlichen Dogmatik*. Zweiter Halbband. Zürich: Theologischer Verlag.
Bundesministerium für wirtschaftliche Zusammenarbeit und Entwicklung (BMZ). 2017. *Africa and Europe – A new partnership for development, peace and a better future*. Cornerstones for a Marshall Plan with Africa. Bonn.
Casanova, José. 2006. „Rethinking secularization: A global comparative perspective." In *Religion, Globalization, and Culture*. International Studies in Religion and Society Vol 6, hg. v. Peter Beyer und Lori Beaman, 101–120. Leiden: Brill.
Christoffel Blindenmission. 2006. *CBM Pressemeldung 2006. CBM bedauert Irritationen*. http://derbraunemob.de/deutsch/content/sogehtsnicht/CBM.htm (zuletzt aufgerufen 01.03.2018).

Davidson, Steed. 2008. „Leave Babylon: The Trope of Babylon in Rastafarian Discourse." *Black Theology* 6(1): 46–60.
Ebach, Jürgen. 1986. „Arbeit und Ruhe. Eine utopische Erinnerung." In ders., *Ursprung und Ziel. Erinnerte Zukunft und erhoffte Vergangenheit*. Biblische Exegesen, Reflexionen, Geschichten, 90–110. Neukirchen-Vluyn: Neukirchener.
Forst, Rainer. 1994. *Kontexte der Gerechtigkeit. Politische Philosophie jenseits von Liberalismus und Kommunitarismus*. Frankfurt a. M.: Suhrkamp.
Fraser, Nancy. 1990. „Rethinking the Public Sphere: A Contribution to the Critique of Actually Existing Democracy." *Social Text* 25/26: 56–80.
Hegel, Georg Wilhelm Friedrich. [1807] 1970. *Phänomenologie des Geistes*. Werke in zwanzig Bänden, auf Grundlage der Werke von 1832–1845 neu edierte Ausgabe, Redaktion Eva Moldenhauer und Karl Markus Michel, Bd. 3. Frankfurt a. M.: Suhrkamp.
Hennecke, Susanne, Hg. 2018. *Karl Barth und die Religion(en). Erkundungen in den Weltreligionen und der Ökumene*. Göttingen: V&R unipress.
Honneth, Axel. 1992. *Kampf um Anerkennung. Zur moralischen Grammatik sozialer Konflikte*. Frankfurt a. M.: Suhrkamp.
Joas, Hans. 2011. *Die Sakralität der Person. Eine neue Genealogie der Menschenrechte*. Berlin: Suhrkamp.
de Kock, Leon. 1992. „Interview With Gayatri Chakravorty Spivak: New Nation Writers Conference in South Africa." *ARIEL. A Review of International English Literature* 23(3): 29–47.
Maluleke, Tinyiko Sam. 2011. „Reflections and Resources. The Elusive Public of Public Theology: A Response to William Storrar." *International Journal of Public Theology* 5: 79–89.
Meireis, Torsten. 2008. *Tätigkeit und Erfüllung. Protestantische Ethik im Umbruch der Arbeitsgesellschaft*. Tübingen: Mohr Siebeck.
Mignolo, Walter D. 2011. *The Darker Side of Western Modernity. Global Futures, Decolonial Options*. Durham/London: Duke.
Mignolo, Walter D. 2009. „Who Speaks for the ‚Human' in Human Rights?" In *Human Rights in Latin American and Iberian Cultures*, hg. v. Ana Forcinito, Raúl Marrero-Fente und Kelly McDonough. *Hispanic Issues On Line* 5.1: 7–24.
Nassehi, Armin. 2011[2]. *Soziologie. Zehn einführende Vorlesungen*. Wiesbaden: VS Verlag.
Osamu, Nishitani. 2006. „Anthropos and Humanitas: Two Western Concepts of ‚Human Being.'" In *Translation, Biopolitics, Colonial Difference*, hg. v. Naoki Sakai und Jon Solomon, 259–273. Hong Kong: Hong Kong University Press.
Pendzich, Marc. 2004. *Von der Coverversion zum Hit-Recycling. Historische, ökonomische und rechtliche Aspekte eines zentralen Phänomens der Pop- und Rockmusik*. Münster: Lit.
Reuter, Hans-Richard. 1999. „Relativistische Kritik am Menschenrechtsuniversalismus? Eine Antikritik." In *Ethik der Menschenrechte. Zum Streit um die Universalität einer Idee*, hg. v. Hans-Richard Reuter, 75–102. Tübingen: Mohr Siebeck.
Scheliha, Arnulf von. 2013. *Protestantische Ethik des Politischen*. Tübingen: Mohr Siebeck.
Spivak, Gayatri Chakravorty. 1988. „Can the Subaltern Speak?" In *Marxism and the Interpretation of Culture*, hg. v. Cary Nelson und Lawrence Grossberg, 271–313. Macmillan: Basingstoke.
Stowe, David W. 2012. „Babylon Revisited: Psalm 137 as American Protest Song." *Black Music Research Journal* 32(1): 95–112.
Thompson, Joseph. 2012. „From Judah to Jamaica: The Psalms in Rastafari Reggae." *Religion and the Arts* 16: 328–356.

Volf, Miroslav. 2017. *Zusammen wachsen. Globalisierung braucht Religion.* Gütersloh: Gütersloher Verlagshaus.
Walzer, Michael. 1996. *Lokale Kritik – Globale Standards. Zwei Formen moralischer Auseinandersetzung.* Hamburg: Rotbuch.
Wikipedia. 2018. Art. „By the Rivers of Babylon." https://en.wikipedia.org/w/index.php?title=Rivers_of_Babylon&oldid=82758315"5 (zuletzt aufgerufen 27.02.2018).

Nathalie Eleyth
Decolonize the Female Black Body!
„Race" als Desiderat der Evangelischen Sexualethik

1 Evangelische Sexualethik und die Ausblendung rassismuskritischer Diskurse

In der deutschsprachigen, evangelischen Sexualethik findet keine kritische Auseinandersetzung mit rassistischen Herrschafts- und Ungleichheitsverhältnissen statt und mit der Frage, wie diese sich auf sexuelles Begehren, intime Beziehungen, Partnerschaften und sexualbezogene Diskurse auswirken. Die Ausblendung der Kategorie *race* ist keine Folge einer spezifischen Ignoranz gegenüber sozialer Ungleichheit und strukturellen Benachteiligungen im Kontext sexualethischer Analysen, da kulturell verankerte eindimensionale Geschlechterbilder, prekäre Männlichkeits- und Weiblichkeitsstereotype sowie asymmetrische Machtverhältnisse zwischen den Geschlechtern selbstverständlich im Blick evangelischer Theologie sind.

Bereits die EKD-Denkschrift zu Fragen der Sexualethik aus dem Jahr 1971 stellt fest, dass es „keine von Gott geschaffene Herrschaftsstruktur im Verhältnis der Geschlechter zueinander" (Kirchenkanzlei der EKD 1971, 18) gibt und keine Person in einer Partnerschaft einseitig über das sexuelle Leben bestimmen darf.

Der rezente sexualethische Entwurf *Unverschämt schön* aus dem Jahr 2015 von Dabrock et al. erwähnt die Relevanz der „Diversityperspektive" und verweist neben der Genderdimension auf „ethnische Zugehörigkeit", „Alter" und „Behinderung" als relevante Merkmale sexualethischer Reflexion:

> Die Gender- oder Diversityperspektive ist für Fragen der Sexualethik deshalb unverzichtbar, weil sie für die vielfältige Unterschiedlichkeit von Menschen sensibilisiert. Sie berührt ganz grundsätzlich den Umgang mit Ungleichheit und Gleichwertigkeit. Mit dieser Perspektive lassen sich die Möglichkeiten und Schwierigkeiten, Ungleichverhältnisse nicht zu einseitigen Dominanzverhältnissen werden zu lassen, diskutieren und verhandeln. Für diese Fragen ist wesentlich, welche Wirkungen und Folgen die Unterscheidungen nach Geschlecht und anderen Merkmalen haben, wie relevant sie sind und mit welchen Bewertungen sie verbunden werden. Die Diskussion der Kategorie „Geschlecht" führt hier am weitesten, daher wird ausführlicher darauf eingegangen. (Dabrock et al. 2015, 58–59)

Im Folgenden legen die Autor*innen ihren Fokus ergo auf Geschlecht als Zuordnungskategorie[1] mit der Begründung, Geschlecht würde im Vergleich mit den anderen Diversitätskategorien eine weiterreichende Wirkmacht entfalten. Die Skizzierung des Diversitätsansatzes in *Unverschämt schön* bleibt peripher; Rassismus, Klassismus, Adultismus, lookistische Diskriminierungsmechanismen sowie Intersektionalität bleiben als Schlagworte unerwähnt.

Hier erscheint die Anfrage berechtigt, inwiefern die exemplarische Priorisierung der Gender-Kategorie auf einem unzureichenden Verständnis des strukturellen Zusammenhangs bzw. des Ineinanderwirkens von Herrschaftsverhältnissen beruht. Die Theologin Eske Wollrad weist (in einer Kritik am hegemonialen, *weiß* dominierten Feminismus) darauf hin, „dass die Gender-Kategorie über ‚Rasse' und Klasse konstituiert ist (und umgekehrt), dass also Gender in vermeintlicher ‚Reinform' [...] Normativitäten wie Weißsein und Wohlstand stets beinhaltet hat" (Wollrad 2020, 417). Diese Erkenntnis geht auf Schwarze feministische Theoriebildung zurück und verbindet sich mit Namen wie Angela Davis, bell hooks, Audre Lorde und der Namensgeberin der Intersektionalitätstheorie Kimberlé Crenshaw[2] und ist in der gegenwärtigen Sexualethik nicht im Blick. Autor*innen deutschsprachiger sexualethischer Entwürfe gehen von Sexualität in *weißen* Lebenskontexten aus ohne Bewusstsein für rassistische Diskriminierungsrealitäten und entsprechende konzeptionelle Einbettung. In einer Gesellschaft, in der sich die etablierte Herrschaftsideologie des Rassismus in den kulturellen Tiefenstrukturen entfaltet, sich in Sprache, Wissensarchiven, den sozioökonomischen und normativen Fundamenten, ferner in gesellschaftlichen Teilsystemen/Institutionen (Arbeit, Wohnen, Bildung, Justiz, Gesundheit) nachweisen lässt (El-Mafaalani 2021, 40–41), ist evident, dass rassialisierende Diskriminierungsmuster das sexuelle Feld tangieren und auf diskursiver wie interindividueller Ebene reproduziert werden.

---

1 In einem späteren Kapitel werden Sexualität und Behinderung bzw. Sexualität in verschiedenen Altersphasen thematisiert.
2 Mit dem Band *Schwarzer Feminismus. Grundlagentexte*, herausgegeben von Natasha A. Kelly aus dem Jahr 2019, liegt erstmalig in deutscher Sprache eine Sammlung wegweisender kritischer Essays zu Feminismus aus Schwarzer Perspektive vor.

2 Themenspektrum und Ansätze einer diskriminierungsreflektierten evangelischen Sexualethik

Postkoloniale, dekoloniale und rassismuskritische intersektionale Ansätze von Schwarzen Theoretiker*innen/Theoretiker*innen of Color adressieren seit Jahrzehnten die Entstehung und Perpetuierung (kolonial-)rassistischer, sexualbezogener Narrationen und Stereotype, von denen BI_PoC negativ betroffen sind. Insbesondere von Rassismus betroffene Frauen erfahren eine Hypersexualisierung, Exotisierung und Fetischisierung ihres Körpers. Aus einem *weißen*, kolonialen Machtraum heraus verbreiteten sich gezielt homogenisierend-entindividualisierende Imaginationen und pseudowissenschaftliche Thesen über „Schwarze Sexualität"[3], durch die Schwarze Frauen als promiskuitiv, unzivilisiert, lasziv und unmoralisch charakterisiert und abgewertet wurden. Selbstredend existieren strukturähnliche rassistische Klischees ebenso für Männer.

Innerhalb der evangelischen Sexualethik eine dekoloniale und rassismuskritische Perspektive einzunehmen, bedeutet, unmarkierte *weiß*zentrische Normalitätsvorstellungen im Hinblick auf sexuelles Begehren, Geschlecht und Reproduktion gezielt zu hinterfragen und minorisierte BI_PoC mit ihren identitätsstiftenden vergeschlechtlichten Othering-Erfahrungen als sexuelle Subjekte zu adressieren.[4]

Rassismus betrifft alle Dimensionen des sexuellen Feldes; so nehmen rassistische Konzepte und Ungleichheitsverhältnisse unter anderem Einfluss auf Intimbeziehungen, Ehe(schließunge)n, Sexarbeit, Pornografie, sexualpädagogische Adressierungen oder die diskursive Verhandlung sexualisierter Gewalt. Rassistisch diskreditierbare Männer, vor allem migrantisierte Schwarze und muslimisch markierte Männer werden durch einen „Apparat rassistischer Wahrheitsproduktion" (Hark und Villa 2018, 47) als übergriffig, vergewaltigungsbereit und Gefahr für die *weiße* Frau dämonisiert. Koloniale Mythen und rassifizierende Imaginationen stabilisieren das Bild des „Westens" als Ort sexueller Aufklärung und Freiheit und ordnen sexuelle Unterdrückung oder Queerfeindlichkeit nicht-westlichen Gesellschaften zu. Antinatalistische Bevölkerungspolitiken und neomalthusianische Diskurse zur „Überbevölkerung" tragen zu einer Stigmatisierung der Reproduktion von BI_PoC im globalen Süden bei.

---

[3] Selbstverständlich waren viele andere kolonisierte Communities von sexualisierenden Zuschreibungen betroffen, im Fokus dieses Aufsatzes stehen Schwarze, afrikanische und afrodiasporische Menschen und Communities mit einem Schwerpunkt auf weiblichen Erfahrungen.
[4] Zu wenig im Blick der evangelischen Sexualethik ist auch die Auseinandersetzung mit Geschlecht als kolonialer Wissenskategorie (Winkel 2019, 293–302).

Im Folgenden soll anhand der Themenbereiche Pornografie und intimer Diskriminierung angedeutet werden, wie maßgeblich der Einbezug von Rassismus in Situationsanalysen und normative Prüfungen ist.

2.1 Pornografie

Im Hinblick auf die evangelisch-theologische Rede über Pornografie verdient die 2021 veröffentlichte EKD-Denkschrift *Freiheit digital. Die Zehn Gebote in Zeiten des digitalen Wandels* Beachtung, da sie nach Kenntnisstand der Verfasserin das erste offizielle kirchliche Dokument ist, das diskriminierende und stereotypisierende Darstellungen von BI_PoC und die Frage nach *Fair Porn*, also nach ethischen Standards in der Pornoindustrie, explizit benennt und als ethisch relevant thematisiert. (EKD 2021, 159) Diese medienethischen Überlegungen der Denkschrift sind unbedingt anschlussfähig für eine dekoloniale und rassismuskritische Sexualethik und wurden bislang evangelischerseits schlicht ignoriert.

Gerhard Schreiber hat mit seiner umfassenden Arbeit zu *Sexualität und Gewalt aus sexualethischer Perspektive* 2022 die jüngste evangelisch-theologische, sexualbezogene Studie vorgelegt. Er benennt Rassismus im Kontext von Pornografie; dabei beschränken sich seine Ausführungen alleinig auf die Feststellung, dass „rassistische Klischees ein Stilmittel in der zeitgenössischen Mainstream-Pornographie (racist porn)" (Schreiber 2022, 520) sind.

Auf die Wiederholung kolonial angelegter stereotyper Zuschreibungen mit Blick auf die Gegenwart der Online-Pornografie weist Lisa Andergassen hin. Aufgrund der Unterdrückung der Kaufkraft von Frauen und Minderheiten generierte sich der Pornografiemarkt aus der Kaufkraft *weißer* Männer. Sowohl Körper *weißer* wie nicht-*weißer* Darstellerinnen wurden zu Objekten der männlichen Schaulust, wobei letztere jedoch seltener besetzt und exotisiert inszeniert wurden. (Andergassen 2021, 270) Schwarze Darsteller*innen sind durch die Konstruktion der Abweichung von der Norm des *Weiß*seins und der Verdrängung in einer über *race* definierten Nische in ihrer Vermarktung eingeschränkt. (Andergassen 2021, 271) *Weiße* Darstellerinnen sind nach einer von Andergassen rezipierten Studie zwar zu 87 Prozent bereit, eine *Facial*-Szene zu drehen, allerdings nur zu 53 Prozent, an *Interracial*-Szenen mitzuwirken. Im Hintergrund steht die Befürchtung *weißer* Darstellerinnen, „Fans zu vergraulen und damit langfristig die eigene Karriere zu schädigen" (Andergassen 2021, 271). Daher können sie für den Dreh mit einem Schwarzen Mann eine höhere Bezahlung als Kompensation einfordern, was umgekehrt nicht für Schwarze Darstellerinnen bei *Interracial* Szenen gilt. (Andergassen 2021, 271)

Im Jahr 2018 wies der Journalist und Autor Mohamed Amjahid in einem ZEIT-Artikel auf den seit 2015 zu verzeichnenden Boom von *Refugee Porn* hin und griff das Thema der „Flüchtlingspornografie" auch in einem 2021 publizierten Buch aus rassismuskritischer Perspektive auf. (Amjahid 2018; 2021) Seinen Recherchen zufolge spielt Flüchtlingspornografie mit dem „Motiv der mysteriösen, fremden Frau, die meist von weißen Männern verführt, erobert und dominiert wird" (Amjahid 2021, 114). Während arabische Männer als besonders gewalttätig inszeniert werden, sind arabische Frauen die unterwürfig gezeichneten Gegenparts. Ähnlich dazu verweist Claude C. Kempen in seiner Analyse pornografischer Medien auf das den Filmen inhärente koloniale Blickregime und die Stabilisierung rassistischer und antimuslimischer Stereotype. Er resümiert:

> Da die Mehrheit der Produzent*innen von Pornofilmen weiß ist und sie für ein vorwiegend weißes Publikum produziert werden, kann der Entstehungskontext der Pornos nicht nur als pornotopisch-panoptisch, sondern auch als kolonial geprägt und rassistisch beschrieben werden. Mit ihrem Willen zur Enthüllung und Entdeckung der „Wahrheit" unter dem Schleier spiegeln sie die (post-)koloniale Tradition der Entschleierungspraxen und Entblößungsfantasien wider. Dabei werden Zuschauende eingeladen, die panoptisch verfasste Blickposition des weißen penetrierenden Mannes einzunehmen. Der Hijab wird als rassifizierender Marker und Arab- bzw. Muslimface benutzt. Wie eine zweite Haut dient er als Projektionsfläche für alle möglichen Zuschreibungen, die von weißer und westlicher Seite an ihn – und seine Trägerin – herangetragen werden. Dabei geht es immer wieder auch um Vorstellungen und Fantasien eines Tabubruchs, da Sexualität mit der imaginierten muslimischen Religiosität unvereinbar scheint: der Reiz der „prüden Schlampe". Othering erfolgt in diesen Pornos unter anderem entlang der Kategorien Klasse, Staatsbürger*innenschaft, religiöse Zugehörigkeit und Gender. Die Frauen werden als arm und ungebildet dargestellt, was den weißen Mann im Vergleich aufwerten soll und ihm die Möglichkeit gibt, den weißen Retter zu spielen. (Kempen 2020, 11)

Pornografie kann somit nicht als das pervertierte Gegenbild zu einer diskriminierungsfreien Gesellschaft verstanden werden, sondern stellt vielmehr ein Abbild gesellschaftlicher Machtverhältnisse dar: Die Demonstration hegemonialer Männlichkeit, die Erfahrung von Misogynie und Rassismus sind Alltagsrealitäten. „Bilder der Dominanz weißer Männer über nicht-weiße Frauen, die geflüchtet sind oder Geflüchtete spielen, könnten dabei die politische Fantasie vieler Menschen hierzulande widerspiegeln" (Amjahid 2018). Amjahid verweist in seinem Buch auf einen Film der Kategorie *Refuge Porn* mit verstörendem Inhalt: eine kopftuchtragende syrische Frau lässt sich aufgrund von Hunger und fehlender finanzieller Möglichkeiten, um ein Abendessen zu bezahlen, auf sexuelle Handlungen mit einem *weiß* positionierten Mann ein. Er beleidigt sie als „muslimische Nutte" und lässt verlauten, seinen „arischen Schwanz in ihr arabisches Maul zu stopfen" (Amjahid 2021, 116).

Ist es für eine diskriminierungsreflektierte evangelische Sexualethik möglich, jenseits von Alarmismus, Verbotsrhetorik oder verschämter Nichtbeachtung einen gehaltvollen Beitrag zu gerechter Pornografie zu leisten und gerade im Hinblick auf intersektional diskriminierende Darstellungen und das pornografische Spiel mit Grenzen auszuloten, wie weit die sexuelle Freiheit eines Christenmenschen[5] geht und wo diese Freiheit aus verantwortungsethischer Perspektive individueller oder struktureller Schranken bedarf?

2.2 Intime Diskriminierung

Was bedeutet es, eine romantische Paarbeziehung, eine sexuelle Beziehung in Form einer dauerhaften „Freundschaft plus" zu führen oder *casual dating* mit wechselnden Partner*innen zu praktizieren vor dem Hintergrund unterschiedlicher gesellschaftlicher Positionierungen in einer strukturell rassistischen Gesellschaft?

Der feministische Slogan „Das Private ist politisch" macht rassismuskritisch perspektiviert darauf aufmerksam, dass sich rassistische Machtverhältnisse und Zugehörigkeitsordnungen in intimen Räumen fortsetzen, auch wenn dies von den beteiligten Personen nicht intendiert ist. (Koné 2006) Josephine Apraku verbildlicht dies in dem jüngst veröffentlichten Buch über Beziehungen und soziale Ungleichheit, indem Apraku von intimsten Beziehungen als „Petrischalen unserer Gesellschaft" spricht (Apraku 2022, 18). Explizit sind Rassismus als Herrschafts- und Unterdrückungssystem bzw. die Macht des *racial gaze* nicht im Fokus gegenwärtiger evangelischer Sexualethik, doch bieten theologisch-ethische Kriteriologien zu den Voraussetzungen für das „Gelingen" von Sexualität fruchtbare Grundlagen für eine rassismussensible Neuakzentuierung. Neben den Kriterien der Freiwilligkeit und Bereitschaft zu Treue und Neuanfang benennen Dabrock et al. Achtung vor der Andersheit und Ermöglichung gleicher Verwirklichungschancen als voraussetzende Kriterien sowie Lebensdienlichkeit, Gewährleistung des Schutzes der Beteiligten und den Beitrag zur Lebenszufriedenheit als Kriterien für den Vollzug von Sexualität. (Dabrock et al. 2015, 63–66)

Zunächst eine Stimme of Color:

Die Kulturwissenschaftlerin Mithu Sanyal berichtet in einem Aufsatz zur Dekolonialisierung des Körpers über eine persönliche Erfahrung mit der Wirkmacht rassistischen Wissens und Beziehungspartner*innen:

---

[5] Der Ausdruck „sexuelle Freiheit eines Christenmenschen" geht auf den Buchtitel *Wenn die Triebe Trauer tragen: Von der sexuellen Freiheit eines Christenmenschen* des evangelischen Theologen Godwin Lämmermann zurück (Lämmermann 2002).

Mein erster Beziehungspartner sammelte nach mir indische Freundinnen/Sexualpartnerinnen, was eine Leistung war, da es prozentual zur Bevölkerung gar nicht so viele von uns in Deutschland gibt. Gerade auf dem Gebiet der Liebe und Erotik spielt (post)koloniale Körperpolitik eine perfide Rolle. Als ich fünfzehn war, sagte der beste Freund eben jenes Beziehungspartners einen Satz zu mir, der sich tief eingeprägt hat. „Mithu, indische Frauen sind die schönsten Frauen auf der Welt – und sie sehen alle gleich aus." Rassistisches Wissen hatte mich davon überzeugt, dass ich eine Person sei, mit der man selbstverständlich Affären haben, an die man sich aber nicht wirklich öffentlich binden könne, dazu seien echte – sprich: weiße – Frauen da. Und das Faszinierende an diesen rassistischen Überzeugungen ist, dass ich sie hatte, auch während ich in Beziehungen war. Noch immer bin ich, jedes Mal, wenn ich meine Heiratsurkunde finde, überrascht: Wie konnte jemand nur eine Person wie mich heiraten? (Sanyal 2021, 30)

Liebe sei daher ein revolutionärer Akt, denn am Anfang aller Projekte zur Kolonialisierung, Unterdrückung und Diskriminierung stünde, denjenigen, die beherrscht werden sollen, beizubringen, nicht zu den liebenswerten Subjekten zu gehören. Der erste Akt der Dekolonialisierung beginne damit, sich selbst und seine Community zu lieben. (Sanyal 2021, 31) An diese gehaltvollen, persönlichen Gedanken Sanyals – unter anderem in Anknüpfung an bell hooks – lassen sich viele sexualethisch relevante Fragen anschließen:

1. Wie zeigen sich ungerechte Paradigmen der kolonialen Vergangenheit und sexualisiert-rassistische Mikroaggressionen in der Gegenwart?

2. Inwiefern nehmen sie Einfluss auf den Respekt vor der Andersheit des Menschen, gleiche Verwirklichungschancen, Lebenszufriedenheit und den Schutz der Beteiligten im Kontext von Sexualität? (Dabrock et al. 2015, 62–75)

3. Auf wen richtet sich unser sexuelles Begehren und inwiefern ist es von kolonialrassistischer Fetischisierung und Exotisierung geprägt? Wer kommt für uns nicht als Sexualpartner*in und/ oder romantische*r Partner*in in Frage, vordergründig durch individuelle Präfenzen, uns eventuell weniger bewusst durch eine Historie der systematischen Abwertung von BI_PoC und der globalen Privilegierung *weißer* Menschen? In dem Klassiker der postkolonialen Theorie *Schwarze Haut, weiße Masken* widmet sich Frantz Fanon eben diesem Thema und fragt, wie eine authentische Liebe angesichts von Minderwertigkeitsgefühlen möglich ist oder im Rahmen einer Gesellschaft, in der Schwarze Menschen Partner*innen bestimmt durch den Wunsch nach „Laktifizierung" wählen, um nicht in die „négraille" abzusinken. (Fanon 2013, 37–38, 41–42)

4. Wie kann es gelingen, mit Blick zurück auf die erwähnte theologisch-ethische Kriteriologie, das *weiße* Privileg der Individualität zu einem Privileg für Alle zu machen? Wie kann es gelingen, dass Sexualität für Menschen mit Rassismuserfah-

rungen in einem geschützten Raum erlebt wird, ohne mit rassifizierten Imaginationen Schwarzer Sexualität konfrontiert zu werden?

Achtung vor Andersheit geht also weit über den Respekt vor den Wünschen und Grenzen eines Gegenübers hinaus; Achtung vor der Andersheit – und hier sind Claudia Jahnels interkulturell-theologische Ausführungen für die Sexualethik signifikant – beinhaltet den Appell, das „hegemonial-hierarchisierende Wissen ‚über' den (‚anderen') Körper" zu erkennen, zu hinterfragen, „welche Eigenschaften aus welchen hegemonialen Interessen heraus dem ‚Schwarzen' Körper eingeschrieben werden" und „wie die diskursiven Zuschreibungen das jeweilige körperleibliche Erleben beeinflussen" (Jahnel 2022, 37–39).

5. Interessant ist die Nebenbemerkung bei Dabrock et al., dass ohne asymmetrische Machtverhältnisse, konkret ohne polare Geschlechterkonstruktionen, gleiche Verwirklichungschancen möglich würden, polare Geschlechterkonstruktionen jedoch auch phasenweise und freiwillig angenommen werden könnten. (Dabrock et al. 2015, 63) Was kann das in Analogie zur Kategorie *race* bedeuten?

Im Missy Magazin erschien im Juni 2020 ein Artikel mit dem Titel „Think Before You Kink".

Der*die Autor*in reflektiert aus Schwarzer Perspektive über BDSM und das lustvolle Spiel mit dem Ausleben von (Ohn-)Machtsfantasien unter Einhaltung klarer Absprachen.

> Dies passiert nicht im luftleeren Raum, sondern funktioniert besonders gut, weil wir gesellschaftlich geprägt sind. Damit berührt D/s immer wieder auch Traumata, seien es individuelle oder soziale. Wir spielen mit erlebtem Schmerz, mit dem Verbotenen, mit dem Schambehafteten, mit dem, was wir im „realen Leben" außerhalb der D/s-Session anderen nicht antun oder uns nicht antun lassen würden. Wir spielen auch mit Echos und Resten in unserem kulturellen Gedächtnis, weil die Symboliken Teil unseres Wissens sind, auch wenn wir wenig oder kein bewusst erlerntes Wissen über Dinge haben. Symbole und Rollen(-vorstellungen) sind ins kulturelle Gedächtnis eingeschrieben. (Kumi 2020)

Daran anschließend kritisiert der*die Autor*in die fehlende Reflexion des Sklav-*inspiels im Kontext von BDSM. Nicht die Praxis sei problematisch, sondern sich nicht mit der Historie der Verbrechen an Schwarzen Menschen und der Kontinuität des Anti-Schwarzen Rassismus auseinanderzusetzen. Es sei beleidigend und gefährlich, *Race-Play* in einer Welt *weißer* Übermacht und Schwarzer Unterdrückung ohne bewussten kontextsensiblen Umgang zu praktizieren. (Kumi 2020)

6. Wie können intime Beziehungen zwischen im System des Rassismus privilegierten und diskriminierten Personen verantwortungsvoll gelebt werden bei gleichzeitiger Anerkennung, dass diskriminierungsfreie Räume eine Illusion sind? Gibt es Hoffnung

für einen intimen Raum, in dem das Individuum sich nicht als von außen überdeterminiert erfährt? (Fanon 2013, 99 und Bedi 2015)

7. Wie wirken sexualisierte Stereotypisierung und vergeschlechtlichte Othering-Botschaften auf das sexuelle Selbstbild betroffener Personen und deren Konsens- und Handlungsfähigkeit?[6] (Bergold-Caldwell 2020)

Eine Aufgabe und Chance darin zu sehen, die „spezifischen Perspektiven zum Verständnis von Sexualität in unserer pluralen Gesellschaft im Horizont einer evangelisch zu verantwortenden Sexualethik einzubringen" (Dabrock et al. 2015, 9), könnte folglich bedeuten, zu fragen:

8. Wie gelingt die Gestaltung und Kultivierung von Sexualität als guter Gabe Gottes in der superdiversen Gesellschaft?

9. Wie sollte eine evangelisch verantwortete Sexualerziehung und -bildung aufgestellt sein, um machtkritisch und achtsam verschiedene Formen der intimen Diskriminierung und des sexualisierten Rassismus zu thematisieren?

Und zugegebenermaßen streitbar aus befreiungstheologischer Sicht formuliert:

10. Inwiefern ist die Profilierung einer rassismuskritischen, dekolonialen Sexualethik im deutschen Kontext überhaupt möglich? Hier kommen mit Sexualität und Rassismus nicht nur klassische Themenfelder der Tabuisierung und Skandalisierung zusammen; es ist darüber hinaus kritisch zu hinterfragen, ob ein dominant *weißer* Blick in einer dominant *weißen* Theologie überhaupt überwunden werden kann. James Cone betont, dass die Kernfrage der Ethik „Was soll ich tun?" nicht von der biblisch bezeugten und gegenwärtigen Befreiung Gottes aus Unterdrückung und Ungerechtigkeit getrennt werden kann. (Cone 1982, 131) Ausgangspunkt der Entwicklung ethischer Orientierungen solle bei denjenigen liegen, die von Unterdrückung betroffen sind. Inwiefern ist es realistisch möglich, angesichts institutioneller Ausschlüsse ethische Einsichten und Konzeptionen von mehrfach marginalisierten Personen von der Peripherie in das Zentrum des theologischen Sexualitätsdiskurses rücken zu lassen?

---

[6] Ferner sind die Schilderungen von Gerhard Schreiber aus seinem bereits erwähnten Buch erhellend. Schreiber schildert, ohne sich explizit auf rassistische Machtverhältnisse zu beziehen, wie im Rahmen einverständlicher sexueller Interaktionen Kräfte- und Machtungleichgewichte überwunden werden können, „so dass den Sexualpartner*innen eine Vereinigung in Freiheit und damit Vermittlung von Verschiedenheit und Einheit möglich wird" (Schreiber 2022, 305).

3 Die Schwarze Frau als Projektionsfläche für sexuelle Fantasien: Das Stereotyp der Jezebel

Hinsichtlich der Vielfalt von macht- und diskriminierungskritischen Vertiefungen in der Diskussion um *race*, Sexualität und Ethik soll nun am Beispiel Schwarzer Frauen aufgezeigt werden, welche Verletzungsmacht Rassismus annimmt bzw. mit welcher epistemischen und symbolischen Gewalt Schwarze Sexualität konstruiert wurde, wie diese hegemoniale Wissensproduktion sich gewaltvoll in Schwarze Körper einschreibt und wie dekoloniale, „oppositionelle Blicke" (bell hooks) heilsam für die sexuellen Selbstkonzepte Schwarzer Frauen werden können.

Die Sexualisierung Schwarzer Frauen hat eine lange historische Tradition und ihre Stereotypisierung ist grundlegender Bestandteil kolonialrassistischer Differenzkonstruktionen.

Bereits mit der männlich-kolonialen Expansion und territorialen Inbesitznahme außereuropäischer Gebiete verbanden sich von Beginn an sexualisierte Vorstellungen, in denen die Kolonie weiblich allegorisiert und die Eroberung des Bodens metaphorisch als Eroberung des weiblichen Körpers beschrieben wurde. Zudem erwiesen sich Fantasien bezüglich sexueller Freizügigkeit und Zügellosigkeit jenseits rigider europäischer Sexualnormen als wirkmächtig im Kontext der Kolonisierung. (Kramm 2016)

Indem afrikanische, Schwarze Menschen durch den kolonialen, *weiß*-europäischen Blick als sexuell animalisch, ungezügelt oder bedrohlich konstruiert wurden, konnten sich *weiße* Europäer*innen in Abgrenzung dazu als zivilisiert beschreiben und zugleich Wünsche und Ängste auf die Gruppe der „minderwertigen Anderen" projizieren.

> Nur Weißen wurde die Fähigkeit zugestanden, ihre sexuellen Instinkte zu domestizieren und durch diesen Akt der »Reinigung« eine zivilisierte Ordnung aus dem Chaos der Triebe schaffen zu können. Alle anderen »Rassen« versagten in dieser Beziehung. Während AsiatInnen mit sexueller Passivität assoziiert wurden, besaßen JüdInnen angeblich eine natürliche Neigung zur »Perversion«. Die »schwarze Rasse« dagegen wurde mit sexueller Aggression verbunden, […]. (El-Tayeb 2020, 150)

Die Unterstellung sexueller Hemmungslosigkeit ging mit der fatalen Konstruktion der sexuellen Verfügbarkeit Schwarzer Frauen einher. „Die symbolische Vergewaltigung des afrikanischen Kontinents durch den Kolonialismus etwa, war von einer realen Vergewaltigung seiner Einwohnerinnen begleitet, ohne daß daraus moralische Probleme entstanden wären." (El-Tayeb 2020, 153)

Anette Dietrich stellt in ihrer Untersuchung zu Konstruktionen von „Rasse" und Geschlecht im deutschen Kolonialismus fest, dass sexualisierte Gewalt zur Alltagspraxis *weißer* Kolonialherren gehörte. (Dietrich 2007, 205)

Auf die diskursiv erzeugte sexuelle Devianz Schwarzer weiblicher Körper folgte eine wissenschaftliche Pathologisierung derselben. Die voyeuristische Lust, ihrer angesichtig zu werden aufgrund der unterstellten anatomischen wie sexuellen Andersartigkeit, illustriert die Geschichte der brutalen Objektivierung von Sarah Baartman. (Crais und Scully 2009) Baartman, eine aus Südafrika stammende Khoikhoi, wurde 1810 nach Europa verbracht und aufgrund der anatomischen Formung ihres Hinterns („Fettsteiß") und der Hypertrophierung ihrer Labien und Klitoris als Kuriosität in europäischen Großstädten „ausgestellt". Die so genannte „Hottentotten Venus" erlangte internationale Bekanntheit und galt „als Sinnbild primitiver Sexualität" (Tischleder 1995, 58). „Medizinische Autoritäten lieferten die wissenschaftliche Grundlage für den Analogieschluß zwischen primitiver Sexualität und dem weiblichen schwarzen Körper: Physiognomie, Hautfarbe, Form der Genitalien und des Hintern wurden als Indikatoren für Degeneration, Atavismus, Krankheit und Korruption angesehen." (Tischleder 1995, 58) In der Folge wurden anatomische Merkmale wie vergrößerte Labien, Klitorides oder Gesäße mittels Analogieschluss auch als Merkmale von Prostituierten identifiziert. (Tischleder 1995, 58)

Nach ihrem Tod 1815 wurde der Leichnam Baartmans von dem Anatom Georges Cuvier seziert, der unter anderem Baartmans Vulva/Vagina konservierte. Ein Gipsabdruck ihres Körpers und ihr Skelett wurden bis in die jüngere Vergangenheit in einem französischen Museum ausgestellt trotz anhaltender Forderungen – unter anderem vom südafrikanischen Präsidenten Nelson Mandela –, die sterblichen Überreste Baartmans zur Beisetzung an Südafrika zu übergeben; nach langer Verweigerung erfolgte die Überführung und Bestattung im Jahr 2002.

Nicht nur im deutschen Kolonialismus diente die Denunzierung Schwarzer Frauen als „Huren" der Bagatellisierung der Vergewaltigung durch *weiße* Männer (Ayim Opitz 2020, 54); das zur Zeit der Versklavung in den USA konstruierte Stereotyp der *Jezebel* charakterisierte Schwarze Frauen als sexuell verdorben und unmoralisch. Die Namensgebung geht auf die biblische Figur Isebel zurück. Die Schwarze *Jezebel*[7] gilt als verführerisch, promiskuitiv und jederzeit bereit, ihren Körper zum ei-

---

7 Es ist unklar, seit wann die Bezeichnung *Jezebel* für Schwarze Frauen genutzt wurde. Die 1861 veröffentliche Autobiographie *Incidents in the Life of a Slave Girl* der vormals versklavten, afroamerikanischen Schriftstellerin Harriet Jacobs (1813–1897) greift diese rassistisch-sexistische Konstruktion, die der Rechtfertigung sexualisierter Gewalt diente, bereits auf. Es ist davon auszugehen, dass der Gebrauch des Jezebel-Stereotyps noch wesentlich älter ist. Einführende Literatur zu Schwarzen Sexualitäten und Schwarzer Weiblichkeit: Hill Collins 1990; 2004; bell hooks 1981; 1992; West 1995; Melancon und Braxton 2015; Battle und Barnes 2010; Jordan-Zachery 2017.

In der deutschsprachigen Theologie ist Eske Wollrad eine der wenigen Personen, die sich in Forschungsarbeiten mit der Stereotypisierung Schwarzer Sexualität und sexualisierter Gewalt gegen Schwarze Frauen auseinandergesetzt hat (Wollrad 1999).

genen Vorteil zu nutzen. Im Gegensatz zu den beiden anderen repräsentativen Stereotypen Schwarzer Frauen – der unterwürfigen, gutmütigen asexuellen und mehrgewichtigen *Mammy* und der *Sapphire*, einer männerfressenden Verkörperung des Zorns (heute eher bekannt als *Angry Black Woman*) – gilt die Jezebel nach den Kriterien der *weißen* Dominanzgesellschaft als schlank und attraktiv. In der Medien- und Populärkultur sind diese drei stereotypen Zeichnungen Schwarzer Frauen bis heute prägend. Die Blaxploitation-Filme der 1970er, Musikvideos aus dem Bereich Rap/R&B und die Inszenierung Schwarzer Rapperinnen und Schauspielerinnen nehmen das hypersexuelle Bild der Jezebel auf.

Die Kennzeichnung der Schwarzen Frau als unmoralische Verführerin diente dem Zweck der moralischen Entlastung *weißer* männlicher Grenzverletzungen und der Täter-Opfer-Umkehr. Mitunter gingen US-amerikanische Gerichte davon aus, dass, sofern die Vergewaltigung als Angriff auf die weibliche Keuschheit zu verstehen sei, Schwarze Frauen nicht von Vergewaltigung betroffen sein könnten, da sie keine Keuschheit besäßen. (Crenshaw 2019, 171–186)

In ihrem Buch *Rassismus, Sexismus und Klassenkampf* aus dem Jahr 1981 (orig.) erläutert die Philosophin und Bürgerrechtlerin Angela Davis, dass Schwarze Frauen als Opfer von Vergewaltigung nicht mit Empathie oder Unterstützung durch polizeiliche Behörden rechnen konnten. Sie erklärt die Anmaßung *weißer* Männer auf ein unbestreitbares Recht auf Sex mit Schwarzen Frauen, die die Abschaffung der Versklavung überlebte, wie folgt:

> Die Sklaverei war auf sexuellen Missbrauch ebenso angewiesen wie auf die Peitsche und die Geißel. Die übermäßigen sexuellen Triebe, ob sie nun bei einzelnen der weißen Männer vorhanden waren oder nicht, haben dem Wesen nach mit der faktisch institutionalisierten Vergewaltigung nichts zu tun. Die sexuelle Zwangsherrschaft war vielmehr eine wesentliche Dimension in der sozialen Beziehung zwischen dem Sklavenherrn und der versklavten Frau. Mit anderen Worten: Das Recht, das die Sklavenbesitzer und ihre Agenten auf die Körper der versklavten Frauen beanspruchten, war der direkte Ausdruck der von ihnen angemaßten Besitzrechte an den Schwarzen insgesamt. Das verbriefte Recht auf Vergewaltigung entsprang der gnadenlosen wirtschaftlichen Beherrschung, die das furchtbare Markenzeichen der Sklaverei war, und förderte zugleich ihr Fortbestehen. (Davis 2022, 179–180)

Studien unterschiedlicher Fachdisziplinen aus den USA haben vielfach nachgewiesen, dass die Verinnerlichung des Jezebel-Stereotyps bei Schwarzen Frauen mit einem riskanteren Sexualverhalten einhergeht. Schwarze Frauen empfinden eine geringe Verhandlungsmacht bei sexuellen Interaktionen, wenden daher seltener Safer Sex-Praktiken an und haben ein höheres Risiko für sexuell übertragbare Infektionen. (Davis und Tucker-Brown 2013, 111–128; Bond et al. 2021, 295–305) Zudem sind sie häufiger als *weiße* Frauen von sexualisierter Gewalt betroffen. (Slatton und Richard 2020) Das *Strong Black Women*-Narrativ führt wiederum in der Realität dazu, dass Schwarzen Überlebenden sexualisierter Gewalt unterstellt wird, ihre Traumata ohne Unterstützungsangebote bewältigen zu können. (West und Johnson 2013)

Hier handelt es sich nicht allein um spezifische Tropen und Diskurse des US-amerikanischen Raumes, die Deutschland unberührt ließen. Zum einen gelangen die Stereotype über die Popkultur ohnehin in den deutschen Raum und zum anderen können sie auf fruchtbaren Boden fallen, da sie sich mit bereits vorhandenem rassistischem Wissen verbinden. Der Afrozensus 2020, die größte jemals durchgeführte Befragung unter Schwarzen, afrikanischen und afrodiasporischen Menschen in Deutschland gibt einen Einblick in den mangelnden Respekt vor Schwarzer Körperlichkeit und zur Sexualisierung Schwarzer Menschen: „Mit dem Überschreiten persönlicher geht häufig auch ein Überschreiten körperlicher Grenzen einher: 90,4 Prozent der Befragten geben an, dass ihnen ungefragt in die Haare gegriffen wird. Hier werden Ideen von der Verfügbarkeit Schwarzer Körper wirkmächtig. In diesem Zusammenhang ist auch die Sexualisierung Schwarzer Menschen eine häufige Erfahrung. Insgesamt geben fast 80 Prozent an, auf Dating-Apps sexualisierte Kommentare bezüglich ihres Aussehens beziehungsweise ihrer ‚Herkunft' zu erhalten." (Kwesi Aikins et al 2022, 29) Nicht nur im Kontext von (Online-)Dating berichten Schwarze Frauen in Deutschland über Exotisierungs- und Entindividualisierungserfahrungen,[8] ihre Hypersexualisierung führt mitunter auch dazu, im öffentlichen Raum als Sexarbeiterin angesprochen zu werden.

4 Ein kurzer Ausblick: Evangelische Sexualethik im Dienst des „oppositionellen" widerständigen Blicks

Viele weitere Themen wären zu benennen, in denen dekoloniale und rassismuskritische Perspektiven auf sexuelles Begehren, Sexualitätsdiskurse und Intim- und Paarbeziehungen zu profilierteren Analysen evangelischer Ethik führen und sensibel die Lebenswirklichkeiten eines signifikanten Teils von Menschen in der postmigrantischen Gesellschaft adressieren.

---

8 Vgl. https://wienerin.at/online-dating-als-schwarze-frau-ich-mag-dich-weil-du-so-exotisch-bist (zuletzt abgerufen am 19.04.2023), https://editionf.com/anna-dushime-dating-ist-politisch/ (zuletzt abgerufen am 19.04.2023 und https://taz.de/Diskriminierung-bei-Dating-Apps/!5695374/ (zuletzt abgerufen am 19.04.2023).

Der hier vorliegende Aufsatz möchte dazu anregen, Fragen der verantwortungsvollen Gestaltung von Sexualität stärker im Kontext struktureller Ungerechtigkeit zu diskutieren, und plädiert für die achtsame Wahrnehmung Schwarzer Körper, die zur Zielscheibe der Einschreibung rassistischen Wissens wurden und werden.

bell hooks hat den Begriff des „oppositional gaze" geprägt: sie tritt dafür ein, dass marginalisierte Gruppen, insbesondere Schwarze Frauen, angesichts kolonialer Blickregime und stereotypisierender, medialer Darstellungen widerständige, kritische Perspektiven entwickeln. (hooks 1992) Kann Theologie ihren Blick auf Sexualität dekolonialisieren und gleichzeitig den im System des Rassismus privilegierten sowie den von Diskriminierung betroffenen Menschen oppositionelle Blickrichtungen zur Verfügung stellen? Kann sie angesichts rassistischer Körperpolitik, die Schwarze Körper als andere-mindere erfindet (Wollrad 2003), sich mit „epistemischem Ungehorsam" (Walter Mignolo) der Annahme der Unterdrückungskonstruktionen verweigern und darüber hinaus visionieren, was es bedeutet, als durch Christus mit Gott versöhnte und befreite Menschen über Sexualität zu denken und zu sprechen? Eine solche Sexualethik sollte sich in den größeren Kontext einer evangelischen Theologie einordnen, die sich denjenigen mit prioritärer Sensibilität widmet, die aufgrund essentialistischer Festlegungen im Kontext von *race*, *class* und *gender* von Ausgrenzungs-, Verletzungs- und Entrechtungserfahrungen betroffen sind. (Wustmans 2022, 173–188)

Bisher gelang es nicht, evangelische rassismussensible Orientierungen zu entwickeln und aufzuzeigen, inwiefern Körper und Sexualitäten nicht *weißer*, rassifizierter Menschen in rassistisch hierarchisierten Gesellschaften der Macht des *weißen* Blicks ausgesetzt und folglich mit Differenzzuschreibungen konfrontiert sind, die von *weißen* Personen nicht nachvollzogen werden können. Dies ist sicherlich in den größeren Kontext der theologischen Distanz zu rassismuskritischen und intersektionalen Analysen in einer *weißen* Dominanzkultur einzuordnen. Ungeachtet dessen ist eine Sexualethik, die auf den biblisch-theologischen Haltungsgrundlagen der Versöhnung und Gerechtigkeit basiert, unbedingt offen für Selbstkritik, die Profilierung emanzipatorischer Widerstandsstrategien und die De-Essentialisierung von (Schwarzen) Sexualitäten sowie anwaltschaftlich gegenüber allen, die ihre Sexualität als „zur (verantworteten) Freiheit Befreite" (Gal 5,1) leben möchten.

Literatur

Aikins, Joshua Kwesi, Teresa Bremberger, Daniel Gyamerah et al. 2022. „Afrozensus. Intersektionale Analysen zu Anti-Schwarzem Rassismus in Deutschland." *Aus Politik und Zeitgeschichte* 72/12: 26–34.
Amjahid, Mohammed. 2018. „Warum Flüchtlingspornos boomen." *Zeit Online*. https://www.zeit.de/gesellschaft/2018-05/sexismus-refugeeporn-fluechtlinge-pornografie-deutschland-analyse/komplettansicht (zuletzt abgerufen am 18.04.23).
Amjahid, Mohammed. 2021. *Der weisse Fleck. Eine Anleitung zu antirassistischem Denken*. München: Piper Verlag.
Andergassen, Lisa. 2021. „‚Skinny Teen Takes Big Black Cock': Race und Gender in Kategorien der Online-Pornografie." In *Genre und Race. Mediale Interdependenzen von Ästhetik und Politik*, hg. v. Irina Gradinari und Ivo Ritzer, 261–281. Wiesbaden: Springer.
Apraku, Josephine. 2022. *Kluft und Liebe. Warum soziale Ungleichheit uns in Beziehungen trennt und wie wir zueinanderfinden*. Hamburg: Eden Books.
Ayim Opitz, May. 2020. „Rassismus, Sexismus und Vorkoloniales Afrikabild in Deutschland." In *Farbe bekennen. Afro-deutsche Frauen auf den Spuren ihrer Geschichte*, hg. v. May Ayim Opitz, Katharina Oguntoye und Dagmar Schultz, 27–65. Berlin: Orlanda Verlag.
Bedi, Sonu. 2015. „Sexual Racism: Intimacy as a Matter of Justice." *The Journal of Politics* 77/4: 998–1011.
Battle, Juan und Sandra L. Barnes, Hg. 2010. *Black Sexualities. Probing Powers, Passions, Practices, and Policies*. New Brunswick/ New Jersey/ London: Rutgers University Press.
Bergold-Caldwell, Denise. 2020. *Schwarze Weiblich+keiten. Intersektionale Perspektiven auf Bildungs- und Subjektivierungsprozesse*. Bielefeld: transcript.
Bond, Keosha T., Natalie M. Leblanc, Porche Williams et al. 2021. „Race-Based Sexual Stereotypes, Gendered Racism, and Sexual Decision Making Among Young Black Cisgender Women." *Health Education & Behaviour* 48/3: 295–305.
Cone, James. 1982. *Gott der Befreier. Eine Kritik der weißen Theologie*, übers. v. Günter Reese. Stuttgart: Kohlhammer.
Crais, Clifton und Pamela Scully. 2009. *Sara Baartman and the Hottentotvenus. A Ghost Story and a Biography*. Princeton/Oxford: Princeton University.
Crenshaw, Kimberlé. 2019. „Das Zusammenwirken von Race und Gender ins Zentrum rücken. Eine Schwarze feministische Kritik des Antidiskriminierungsdogmas, der feministischen Theorie und antirassistischen Politiken (1989)." In *Schwarzer Feminismus. Grundlagentexte*, hg. v. Natasha A. Kelly, 145–186. Münster: Unrast Verlag.
Dabrock, Peter, Renate Augstein, Cornelia Helfferich et al. 2015. *Unverschämt – schön. Sexualethik: evangelisch und lebensnah*. Gütersloh: Gütersloher Verlagshaus.
Davis, Angela. 2022. *Rassismus, Sexismus und Klassenkampf*, übers. v. Erika Stöppler. Münster: Unrast Verlag.
Davis, Sarita K. und Aisha Tucker-Brown. 2013. „Effects of Black Sexual Stereotypes on Sexual Decision Making Among African American Women." *The Journal of Pan African Studies* 5/9: 111–128.
Dietrich, Anette. 2007. *Weiße Weiblichkeiten. Konstruktionen von „Rasse" und Geschlecht im deutschen Kolonialismus*. Bielefeld: transcript.
El-Mafaalani, Aladin. 2021. *Wozu Rassismus? Von der Erfindung der Menschenrassen bis zum rassismuskritischen Widerstand*. Köln: Kiepenhauer & Witsch.

EKD. 2021. *Freiheit digital. Die Zehn Gebote in Zeiten des digitalen Wandels*. Leipzig: Evangelische Verlagsanstalt.

El-Tayeb, Fatima. 2020. *Schwarze Deutsche. Der Diskurs um „Rasse" und nationale Identität 1890–1933*. Frankfurt: Campus.

Fanon, Franz. 2013. *Schwarze Haut, weiße Masken*, übers. v. Eva Moldenhauer. Wien/ Berlin: Turia+Kant.

Hark, Sabine und Paula-Irene Villa. 2018. *Unterscheiden und herrschen. Ein Essay zu den ambivalenten Verflechtungen von Rassismus, Sexismus und Feminismus in der Gegenwart*. Bielefeld: transcript.

Hasters, Alice. 2020. *Was weisse Menschen nicht über Rassismus hören wolle aber dringend wissen sollten*. München: hanserblau.

Hill Collins, Patricia. 1990. *Black Feminst Thought: Knowledge, Consciousness, and the Politics of Empowerment*. New York/ London: Routledge.

Hill Collins, Patricia. 2004. *Black Sexual Politics: African Americans, Gender and the New Racism*. New York: Routledge.

hooks, bell. 1981. *Ain't I a Woman: Black Women and Feminism*. Boston: South End Press.

hooks, bell. 1992. *Black Looks. Race and Representation*. Boston: South End Press.

Jahnel, Claudia. 2022. „Der Körper des ‚Anderen'. Koloniale Stereotype, Rassismuskritik und körpersensible Achtsamkeit." *perspektive mediation* 1: 36–41.

Jordan-Zachery, Julia S. 2017. *Shadow Bodies. Black Women, Ideology, Representation, and Politics*. New Brunswick, Camden/ Newark, New Jersey/ London: Rutgers University Press.

Kempen, Claude. 2020. „Phobie, Fantasie und Fetisch? Antimuslimischer Rassismus und Sexismus in pornografischen Filmen." *working papers* 26: 11.

Kirchenkanzlei der EKD. 1971. *Denkschrift zu Fragen der Sexualethik*. Gütersloh: Gütersloher Verlagshaus.

Koné, Gabriele. 2006. *Zum Umgang mit Rassismus in interkulturellen Beziehungen*. Diplomarbeit. Berlin: FH für Sozialarbeit und Sozialpädagogik „Alice Salomon".

Kumi. 2020. *Think Before You Kink*. https://missy-magazine.de/blog/2020/11/09/think-before-you-kink/ (zuletzt abgerufen am 19.04.2023).

Melancon, Trimiko und Joanne M. Braxton, Hg. 2015. *Black Female Sexualities*. New Brunswick/ New Jersey/ London: Rutgers University Press.

Kramm, Robert. 2016. „Geschlecht und Sexualität." *Bundeszentrale für politische Bildung*. https://www.bpb.de/themen/kolonialismus-imperialismus/postkolonialismus-und-globalgeschichte/219143/geschlecht-und-sexualitaet/ (zuletzt abgerufen am 19.04.2023).

Lämmermann, Gottfried. 2002. *Wenn die Triebe Trauer tragen. Von der sexuellen Freiheit eines Christenmenschen*. München: Claudius.

Sanyal, Mithu. 2021. „Decolonize Your Body! – under construction –." In *Sexualität, Gender und Religion in gegenwärtigen Diskursen. Theologie, Gesellschaft und Bildung*, hg. v. Fahimah Ulfat und Ali Ghandour, 17–33. Wiesbaden: Springer.

Schreiber, Gerhard. 2022. *Im Dunkel der Sexualität. Sexualität und Gewalt aus sexualethischer Perspektive*. Berlin/ Boston: de Gruyter.

Slatton, Brittany C. und April L. Richard. 2020. „Black Women's experiences of sexual assault and disclosure: Insights from the margins." *Sociology Compass* 14/1: e12792.

Tischleder, Bärbel. 1995. „Hottentotten-Venus und Long Dong Silver: Schwarze Körper und der Fall von Anita Hill und Clarence Thomas." *Feministische Studien* 2: 56–69.

West, Carolyn M. 1995. „Mammy, Sapphire, and Jezebel: Historical Images of Black Women and their implications for Psychotherapy" *Psychotherapy* 32/3: 458–466.

West, Carolyn M. und Kalimah Johnson. 2013. „Sexual Violence in the Lives of African American Women." *National Online Resource Center on Violence Against Women*. https://vawnet.org/sites/default/files/materials/files/2016-09/AR_SVAAWomenRevised.pdf (zuletzt abgerufen am 15.04.2023).

Wollrad, Eske. 1999. *Wildniserfahrung. Womanistische Herausforderung und eine Antwort aus Weißer feministischer Perspektive*. Gütersloh: Chr. Kaiser/Gütersloher Verlagshaus.

Wollrad, Eske. 2003. *Körperpolitik. Feministisch-antirassistische Reflexionen zu Weißsein als Mythos und Terror*, Vortrag auf der zweiten Europäischen Frauensynode für verstärkten interreligiösen Dialog vom 5. bis 10. August. https://narrt.de/koerperpolitik-feministisch-antirassistische-reflexionen-zu-weisssein-als-mythos-und-terror/ (zuletzt abgerufen am 15.04.2023).

Wollrad, Eske. 2020. „Weißsein und bundesdeutsche Gender Studies." In *Mythen, Masken und Subjekte. Kritische Weißseinsforschung in Deutschland*, hg. v. Maureen Maisha Eggers, Grada Kilomba, Peggy Piesche et al., 416–426. Münster: Unrast-Verlag.

Winkel, Heidemarie. 2019. „Geschlecht als koloniale Wissenskategorie und die weiße Geschlechterforschung." In *Handbuch Interdisziplinäre Geschlechterforschung*, hg. v. Beate Kortendiek, Birgit Riegraf und Katja Sabisch, 293–302. Wiesbaden: Springer.

Wustmans, Clemens. 2022. „Sensibilität für Verletzungserfahrungen. Kritische Anthropologie und Intersektionalität." In *Kritische Öffentliche Theologie*, hg. v. Heinrich Bedford-Strohm, Peter Bubmann, Hans-Ulrich Dallmann und Torsten Meireis, 173–188. Leipzig: Evangelische Verlagsanstalt.

Saphira Shure
Religion als migrationsgesellschaftliches „Schlüsselthema"
Eine Skizze mit Blick auf Rassismuskritik, Postkolonialität und Pädagogik

1 Einführung in einen migrationspädagogischen Blick

> *Vorsicht bei Zuordnungen von Menschen zu ‚ihrer' Religion* ist eine zentrale professionelle Maxime. Diese Leitlinie ist von besonderer Bedeutung mit Bezug auf die Reduktion von Minderheiten auf ‚ihre Religion', vor allem, wenn dies in der Tradition religiösen Otherings steht. (Mecheril und Thomas-Olalde 2018, 196)

Es sind mehrere Ebenen der Auseinandersetzung mit den weiten sowie komplexen Feldern Religion, Pädagogik/Bildung, Rassismuskritik und in gewisser Weise auch Dekolonisierung, die entlang dieses Zitats aus dem Text *Religion oder die Identifikation der Anderen* von Paul Mecheril und Oscar Thomas-Olalde (2018) besprechbar werden. So wird darin zuerst einmal ein Element von Professionalität festgehalten, das für den Bereich der Migrationspädagogik (zu verstehen als rassismuskritische Pädagogik) (erstmals Mecheril 2004) zentral ist, nämlich eine Form der Zurückhaltung und Skepsis in der Einordnung und Fixierung von Menschen mit Blick auf die Idee natio-ethno-kultureller Zugehörigkeit (zum Begriff natio-ethno-kulturelle Zugehörigkeit vgl. Mecheril 2002). In dieser Perspektive wird Zuordnung als eine Praxis aufgerufen, die immer auch hinsichtlich ihrer potentiellen Macht- und Gewaltförmigkeit zu betrachten ist: Wer wird beispielsweise von wem einer bestimmten Religion zugeordnet und mit welchen Folgen, im Sinne von Zuschreibungen/Stigmatisierungen, ist dies verbunden? Wer hat die Wahl, sich selbst in der Matrix religiöser Zugehörigkeit und Nicht-Zugehörigkeit zu verorten und wer wird zumeist, ob zutreffend oder nicht, durch andere verortet? Oder inwiefern tragen etwa Bildungsinstitutionen und Pädagogik zu bestimmten Vorstellungen von Religion, Religiosität und religiöser Zugehörigkeit bei?

Im Kontext von Bildung ist es mit Blick auf die angesprochene „Vorsicht" unter anderem bedeutsam, Räume zu schaffen, die nicht der Notwendigkeit einer eindeutigen (nicht-)religiösen Zuordnung bedürfen, sondern Offenheit bzw. Uneindeutigkeit ermöglichen oder sogar fördern. Dies wäre neben „pädagogischen Angeboten", die etwa „Zugänge zu gelebter Religion und Religiosität, aber auch zu gelebter

Nicht-Religion und Nicht-Religiosität offerieren" auch getragen von Angeboten, die „besonders zurückhaltend mit religiösen und religionisierenden Zuschreibungen um[]gehen" (Mecheril und Thomas-Olalde 2018, 195–196). Durch diese migrationspädagogischen Überlegungen zu „Religion und Bildung" werden Anregungen für professionelle Strukturen migrationsgesellschaftlicher Bildungsorte formuliert, in denen natio-ethno-kulturelle Zugehörigkeitsordnungen möglicherweise weniger unhinterfragt reproduziert werden (zum Begriff Zugehörigkeitsordnung vgl. Dirim und Mecheril 2018, 39–45).

Durch das Zitat von Mecheril und Thomas-Olalde wird zweitens der historisierende Zugang migrationspädagogischer Auseinandersetzungen deutlich, da die Rekonstruktion von „Traditionen" – oder besser: tradierten Logiken – zu einem wichtigen Werkzeug selbiger gehört. Darin greift Migrationspädagogik in zentraler Weise auf Postkoloniale Theorien und „postkoloniale Einsätze[] in das Feld der Pädagogik" (Castro Varela 2016, 153) zurück. „Othering" als ein theoretisches Konzept, das durch den postkolonialen Theoretiker Edward Said im Rahmen seiner Untersuchung *Orientalismus* (1978) entwickelt wurde, ermöglicht einen Blick auf die Geschichte der machtvollen Produktion von Fremdheit (Othering als eine Praxis der Veränderung), die mit der gleichzeitigen Produktion eines ‚Wir' verknüpft ist (genauer: Abschnitt 3 in diesem Beitrag). Die Zuordnung von bestimmten Menschen zu einer Religion sowie die „Reduktion von Minderheiten" auf (vermeintliche) religiöse Zugehörigkeit, die zum Beispiel im bundesdeutschen Kontext in prominenter Weise in der Gestalt des Islam oder der Muslime zum Ausdruck kommt (vgl. Amir-Moazami 2016; Attia 2011; Shooman 2014), kann im Anschluss an Said hinsichtlich der Verbindung zu orientalistischer Wissensproduktion betrachtet werden (etwa das Wissen über die „unvernünftigen" oder auch „sündigen" Anderen, das im Kontrast zu einem „tugendhaften" und „vernünftigen" ‚Wir' hervorgebracht wird [Said 2009, 1978, 54]). Auf diese Weise wird eine Perspektive für „Religion und Bildung" in der Migrationsgesellschaft eröffnet, die zu einer Historisierung der gegenwärtigen Strukturen, Praktiken und damit verbundenen Logiken anleitet, die konstitutiver Bestandteil von zum Beispiel Bildungsverhältnissen sind.

Durch das Zitat werden drittens verschiedene migrationsgesellschaftliche Positionen und damit verbundene Erfahrungshorizonte benannt, die im Rahmen der Thematisierung von Religion aufgerufen und (re-)produziert werden. So ist Religion

> [i]n der politischen, medialen und wissenschaftlichen Behandlung des Topos Migration [...] zu einem Schlüsselthema geworden; allerdings fast ausnahmslos in der semantischen Figur: die Religion der Anderen. Nicht allein, aber auch am Thema „Religion" erkennen wir einen Grundzug des deutschsprachigen Diskurses über Migration und auch der deutschsprachigen Migra-

tionsforschung im Speziellen: Migrationsforschung ist nahezu ausschliesslich Migrant(inn)enforschung. (Mecheril und Olalde 2011, 36)

Religion als „Schlüsselthema" migrationspädagogisch zu bearbeiten geht hier anschließend mit dem Interesse daran einher, inwiefern Religion bzw. die Thematisierung von Religion und Religiosität der Konstruktion und Abwertung natio-ethno-kulturell Anderer dient. Und dieses Interesse ist getragen von dem pädagogisch-professionellen Anliegen einer Suche nach Bedingungen, die würdevollere (Bildungs-)Verhältnisse für alle möglicher machen (Mecheril 2014, 170; Rangger i. E.). Die Auseinandersetzung mit den Thematisierungen von Religion etwa im Kontext von Bildung spielt bei dieser Suche eine bedeutsame Rolle (Karakaşoğlu und Klinkhammer 2016, 307). Der vorliegende Text soll hierzu einen Beitrag leisten. Im Zentrum steht eine migrationspädagogische (und damit auch rassismuskritische sowie postkolonial informierte) Perspektive auf Thematisierungen von Religion, durch welche die Verbindungen zwischen den Diskursen zu Religion als „Religion der Anderen" und den Mechanismen eines in den letzten Jahrzehnten erstarkten antimuslimischen Rassismus deutlich werden (aktuell dazu Attia, Keskinkiliç und Okcu 2021, 17–19). Mit dem Schwerpunkt auf pädagogische Fragen geht es letztlich um die Gefahr der Reproduktion von an Rassekonstruktion anschließenden Unterscheidungen durch vermeintlich unproblematische bzw. normalisierte Thematisierungen von Religion sowie durch Ignoranzen im Hinblick auf natio-ethno-kulturelle Differenzordnungen (Abschnitt 2). Diesen Punkt vertiefe ich durch die Erörterungen zu Orientalismus bzw. zu an orientalistische Logiken anschließende Thematisierungspraktiken und ihren markierenden/rassifizierenden Effekten (Abschnitt 3). Eine Auseinandersetzung mit der machtvollen Produktion von Wissen im Hinblick auf Religion (vermittelt durch postkoloniale Zugänge) lässt sich als ein Anknüpfungspunkt für das Anliegen einer Dekolonisierung von „Religion und Bildung" in der Migrationsgesellschaft fassen. Daran anschließend versuche ich im letzten Teil des Beitrags, eine Idee kontextrelationaler Dekolonisierungsprozesse, die ich zuerst einmal als Prozesse kritisch-reflexiver Auseinandersetzung mit kolonialen Diskursen und ihren Wirkungsweisen fasse, als Teil „migrationspädagogischer Bildung" (vgl. Rangger i. E.) zu verdeutlichen (Abschnitt 4).

2 Religion als „Schicksal" der Anderen

Eingewanderte ebenso wie deren Nachfolgegenerationen aus islamisch geprägten Gesellschaften werden nahezu unweigerlich als Muslime markiert. Ob sie wollen oder nicht, sie müssen sich zu dieser Anrufung verhalten. (Amir-Moazami 2016, 21)

In ihrem Beitrag *Dämonisierung und Einverleibung: Die ‚muslimische Frage in Europa'* (2016) zeigt Schirin Amir-Moazami die komplexe Struktur der Diskurse um den Islam und die Muslime auf, in denen machtvolle Markierungen und damit einhergehende Anrufungen im Rahmen vielfältiger Praktiken (re-)produziert und so auch normalisiert werden. So wird die Thematisierung von „religiöskulturelle[r] Pluralität in Deutschland und Europa" (Amir-Moazami 2016, 21) fast automatisch zu einer Befragung des Islam und der „globale[n] Rolle des Islam und der Muslime" (Karakaşoğlu und Klinkhammer 2016, 299). Diese in dominanter Weise aufscheinende Verknüpfung der Themen Religion und Religiosität mit dem Islam und den Muslimen konnte in besonderer Weise über 09/11 (re-)aktiviert und installiert werden:

> Nach jedem Terroranschlag lässt sich dies beobachten. Muslime sind dann nicht nur *in toto* angehalten, sich von der Gewalt zu distanzieren. Sie müssen überdies immer auch die liberalen Fundamente säkularer Ordnungen preisen, verinnerlichen und verkörpern, um glaubhaft zu sein. Die Distanzierung von Terror und Gewalt reicht also längst nicht aus, um als Teil der Gesellschaft anerkannt zu werden. Vielmehr muss auch die religiöse Praxis in bestimmte Vorstellungen von Religiosität einrasten und öffentlich manifestiert werden, etwa wenn sich Frauen des Kopftuchs entledigen und einem Modell von innerem Glauben nacheifern oder indem Muslime rufen: „Ich bin Charlie". Das zu Integrierende, Anzuerkennende muss also immer innerhalb eines bestimmten Vokabulars und einer Grammatik lesbar sein. (Amir-Moazami 2016, 28; Hervorhebung im Original)

Die von Amir-Moazami aufgerufene „Grammatik"[1] ist unter anderem durch historische Prozesse geformt, für die das Narrativ der (vermeintlichen) „Religion der Anderen" (Mecheril und Thomas-Olalde 2011) als potentiell rückständig und gefährlich bedeutsam ist (s. Abschnitt 3). „Grammatik" ist hier ein sehr passender analytischer Begriff, weil er den Blick dafür schärft, dass „die Alltagswelt" bzw. die gesellschaftliche Ordnung „in Hinsicht auf die Religionsverhältnisse schon weithin vorstrukturiert [ist]" (Karakaşoğlu und Klinkhammer 2016, 296). Und in dieser Strukturierung zugleich postkoloniale Macht- und Differenzverhältnisse zum Ausdruck kommen: „Es gibt in der öffentlichen Wahrnehmung und Darstellung ‚gute' und ‚schlechte' Religionen, d. h. Grenzziehungen sowie Zuordnungsschemata, die unabhängig von der Bedeutung von Religion und Religiosität für die Einzelnen greifen." (Karakaşoğlu und Klinkhammer 2016, 296) Yasemin Karakaşoğlu und Gritt Klinkhammer enden diese Erörterungen mit dem Hinweis auf die besonders negative Einordnung des Islam innerhalb dieser Grenzziehungen (Karakaşoğlu und Klinkhammer 2016, 296).

---

[1] Mecheril und Thomas Olalde nutzen mit Blick auf „religiöses Othering" auch den Begriff der „epistemologischen Grammatik" (Mecheril und Thomas-Olalde 2011, 47).

Die Auswirkungen der historischen Diskurse zur „Religion der Anderen" sowie ihrer Neuformierungen auf das Leben von Muslim:innen oder als muslimisch markierten Menschen verdeutlicht auch die Studie *Muslimischsein im Sicherheitsdiskurs* von Iman Attia, Ozan Zakariya Keskinkiliç und Büşra Okcu (2021). Anhand der Analysen von Material aus Gruppendiskussionen werden verschiedene Ansprachen und Anforderungen, etwa zum Positionbeziehen hinsichtlich „‚muslimischer' Gewalttaten", aufgezeigt (Attia, Keskinkiliç und Okcu 2021, 92).

Religion stellt folglich eine aktuelle und relevante „Option sozialer Adressierung" (Dirim und Mecheril 2022, 162) dar sowie eine wirksame Ordnungskategorie etwa auch im Kontext von Bildung in der Migrationsgesellschaft. So werden beispielsweise „Konflikte mit als muslimisch adressierten Kindern und Jugendlichen [...] häufig pauschal auf deren religiös-kulturelle Herkunft zurückgeführt" (Karakaşoğlu und Klinkhammer 2016, 302–303).

Interessant ist, dass diese Rolle von Religion als „Deutungs- und Unterscheidungskategorie" (Dirim und Mecheril 2022, 163) zugleich auf kontextuelle Entwicklungen trifft, in denen Religion vielfach als „in einem sozialen Sinne unsichtbar" (Mecheril und Thomas-Olalde 2011) betrachtet werden kann, das heißt Religion eher ein „dynamische[s], hybride[s] und kontingente[s] ‚Identitätselement[]'" darstellt und nicht länger ein zentrales „Merkmal [...] eindeutiger Zuordnung" (Mecheril und Thomas-Olalde 2011, 40) bildet. Dieses Spannungsverhältnis und dessen Hintergründe analysieren Mecheril und Thomas-Olalde im Rahmen der Modellierung von zwei „Sprechweisen über Religion", die sich für sie aus „soziologischer, politik- oder kulturwissenschaftlicher Einstellung auf den Gegenstand Religion" als Zeitdiagnosen der Gegenwart ergeben (Mecheril und Thomas-Olalde 2011, 38). Zum einen modellieren sie die „Sprechweise", in der „Religion als individualisierende Aneignung" aufgerufen wird (Mecheril und Thomas-Olalde 2011, 38). Diese Sprechweise wird aus der Perspektive gebildet, dass „die Existenz und die lebensweltliche Relevanz von Religion in komplexen, individualisierten, pluralen und globalisierten Gesellschaften als fluides, optionales, deinstitutionalisiertes Phänomen" (Mecheril und Thomas-Olalde 2011, 45) zu verstehen ist. Es ist also eine Diagnose wirksam, nach der Religion jenseits der Pflicht und des festgelegten kulturellen Rahmens entworfen wird. Das heißt, Individuen wählen „aus einem distinkten und pluralen religiösen Sinnangebot" aus (Mecheril und Thomas-Olalde 2011, 39–40) und werden zu Subjekten, „die über *Religion* verfügen" (Mecheril und Thomas-Olalde 2011, 40; Hervorhebung im Original).

Im Spannungsverhältnis dazu steht die zweite Sprechweise, in der „Religion als identitäres Schicksal" aufgerufen wird (Mecheril und Thomas-Olalde 2011, 40). Diese Sprechweise ist von der Gegenwartsdiagnose der Wiederentdeckung oder Wiederkehr des Religiösen getragen und damit auch mit einer Wiederkehr der Fundamentalismen verbunden. Mecheril und Thomas-Olalde schreiben dazu: „In einer mindestens irritierenden Gleichzeitigkeit", zur Sprechweise, in der Religion als individuelle Aneignung deutlich wird,

> attestiert eine zweite Sprechweise über Religion bestimmten für religiös erklärte Gruppen eine hohe religiöse Mobilisierungskraft und rückt die Bedeutung religiös codierter Positionen und die politische und soziale Dynamik religiös organisierter Gruppen (z. B. muslimische Vereine in europäischen Gesellschaften) in den Vordergrund. (Mecheril und Thomas-Olalde 2011, 40)

Religion wird hier als ein festes Merkmal aufgerufen und für Zuordnungspraktiken verwendet. Jenseits von Offenheit, Beweglichkeit und Kontingenz wird die „Religion der Anderen" zu einer machtvollen Kategorie der Einordnung und Zuweisung von Plätzen, der Beschreibung von Eigenschaften und vielfach auch von Prozessen der Dämonisierung (Castro Varela und Mecheril 2016).

Die in dem zu Beginn des Abschnitts aufgeführten Zitat von Amir-Moazami beschriebenen Erfahrungshorizonte von Muslim:innen, die gewissermaßen dem Schicksal ihrer Markierung auch über Generationen hinweg nicht oder schwer entkommen können, spiegeln diese Sprechweise über Religion und ihre Wirksamkeit wider. „Religion als identitäres Schicksal" geht eben mit jener Möglichkeit und Legitimierbarkeit der Identifikation der Anderen – über ihre Religion oder auch vermeintliche Religion – einher. Yasemin Schooman verweist in ihrer Studie „*... weil ihre Kultur so ist*" – *Narrative des antimuslimischen Rassismus* (2014) unter Bezug auf Riem Spielhaus auf die im Rahmen von Leitkultur- und Integrationsdebatten vorgenommenen Wendungen, durch die sogenannte ‚Gastarbeiter: innen' oder ‚Ausländer:innen' (in den letzten Jahrzehnten) verstärkt zu ‚Muslim: innen', also in der Ordnungskategorie Religion erfasst und beschrieben wurden (Shooman 2014, 38). Aus postkolonialer Perspektive ist bedeutsam, dass diese Markierung der Anderen keine gänzlich neue Praxis darstellt, sondern unter anderem anschließt an die koloniale Erfindung des Orients und damit verbunden an die Idee eines modernen okzidentalen ‚Wir' (Attia 2011, 147– 51). Die Thematisierung von Religion im Sinne der „Anrufung von Muslime" gilt es daher „als [eingeschrieben] in komplexe Machtbeziehungen und -techniken" (Amir-Moazami 2016, 21) zu betrachten.

3 Orientalismus in postkolonialen Verhältnissen

> Wenn der Orientale unvernünftig, verderbt (sündig), kindisch und ‚abartig' war, so war der Europäer vernünftig, tugendhaft, erwachsen und ‚normal'. Im Übrigen stellt man immer wieder klar, dass der Orientale zwar in einer eigenen wohlgeordneten Welt mit festen, nationalen, kulturellen und epistemischen Grenzen und inneren Gesetzmäßigkeiten lebte.

> Doch was der Welt des Orientalen ihre Intelligibilität und Identität verlieh, war nicht das Ergebnis seiner eigenen Anstrengung, sondern verdankt sich eher einer komplexen Folge sachkundiger Manipulationen, durch die der Orient durch den Westen identifiziert wurde. [...] Weil es aus einer Stärke heraus entstand, kann das Wissen über den Orient diesen selbst, den Orientalen und dessen Welt, gleichsam *erschaffen*. (Said 2009, 1978, 53–54; Hervorhebung im Original)

Dieser Auszug aus Saids Untersuchung *Orientalismus* (Orientalism 1978), die für die Entstehung der Postkolonialen Theorie eine zentrale Bedeutung hat (Castro Varela und Dhawan 2005, 31), fasst die Struktur und Funktion des Orientalismusdiskurses in prägnanter Form zusammen. Im Kontext der Kolonisierung konstruiert und markiert Europa den Orient, „die Orientalen" und damit die Anderen, während es zugleich ‚sich selbst' oder die Idee ‚Europa' entwirft. María do Mar Castro Varela und Nikita Dhawan verdeutlichen in ihrer kritischen Einführung in die Postkoloniale Theorie, dass die Erfindung des Orients mit der europäischen Expansion in diese Regionen der Welt einherging sowie mit einer Ansammlung an Wissen über die Anderen (Castro Varela und Dhawan 2005, 33). „Der Fokus [in Saids Arbeit] kann [...] als ein doppelter beschrieben werden", so Castro Varela und Dhawan, „geht es doch auf der einen Seite um die Konstruktion des Orients durch Europa sowie um die damit einhergehenden Repräsentationspolitiken und auf der anderen Seite um die Instrumentalisierung dieses akademisch informierten ‚Wissens' zur kolonialen Herrschaftsstabilisierung" (Castro Varela und Dhawan 2005, 31–32). Der ‚sündige und kindische Andere' kann bzw. muss durch den ‚Erwachsenen' in bestimmter Weise behandelt, gezähmt oder erzogen werden. Dieser ‚Erwachsene' wird sich in diesem Verhältnis zudem seiner eigenen Position gewahr und festigt diese zugleich, auch innerhalb der Weltverhältnisse.

Stuart Hall bezieht sich in seinen rassismustheoretischen Auseinandersetzungen auf die Analysen von Said und beschreibt diese Verhältnisse als durch ‚den Westen' und ‚den Rest', im Sinne von „zwei Seiten einer Medaille", strukturiert (Hall 1994, 140). Er erörtert die damit verbundenen Charakterisierungs- und Klassifizierungsmöglichkeiten von Gesellschaften sowie die verfügbaren Bilder oder Narrative der Fortschrittlichkeit (der Westen) im Gegensatz zur Primitivität (der Rest) (Hall 1994, 138–139). „Es [der Westen] ist ein Denkwerkzeug und setzt eine bestimmte Denk- und Wissensstruktur in Bewegung." (Hall 1994, 138) Darüber strukturiert dieses Werkzeug soziale Beziehungen in einem globalen Ausmaß und lässt Differenzverhältnisse sowie Ungleichheiten quasi als natürlich erscheinen (Castro Varela und Shure i. E.).

Das entwickelte und normalisierte Wissen oder vielmehr die dominant durchgesetzte Wissensordnung ist mit dem Ende der kolonialen Expansion nicht einfach verschwunden. Rassismustheoretisch bzw. rassismuskritisch kann deutlich gemacht werden, inwiefern orientalistisches Wissen, mit Karin Scherschel gesprochen, als „flexible symbolische Ressource" (Scherschel 2011, 123) verfügbar bleibt.

Die spannungsvolle Gleichzeitigkeit der von Mecheril und Thomas-Olalde modellierten Sprechweisen über Religion und die damit verbundene „Anrufung von Muslime" (Amir-Moazami 2016, 21) gilt es gewissermaßen in postkoloniale Verhältnisse des, mit Hall ausgedrückt, *the West and the Rest*, zu kontextualisieren. Wobei eine kritische Kontextualisierung hier unter anderem bedeutet, sichtbar und besprechbar zu machen, dass die „Prozesse der Rassifizierung von Muslime in Europa auf tief sitzenden Diskursen und Strukturen von Staat, Nation und Religion beruhen" (Amir-Moazami 2016, 22). So sind die Bilder von ‚den Orientalen' als Bilder von ‚den Muslimen' weiterhin wirkmächtig (Attia 2011, 152–153; Akbulut 2017, 168) und zeigen sich „im Zuge islamrelevanter Diskursereignisse – wie etwa 9/11, Kopftuch- und Karikaturenstreit" (Akbulut 2017, 174) als Bezugspunkte für kulturalisierende bzw. rassifizierende Deutungs- und Thematisierungsmuster.

> Im Bedrohungsszenario des ‚islamistischen Terrorismus' werden (als) Muslim:innen (Markierte) ihrer tatsächlichen oder zugeschriebenen Religion, Kultur und Herkunft nach als spezifische Problemgruppe ins öffentliche, politische, wissenschaftliche und pädagogische Visier genommen und unter Aufsicht gestellt. Das Bedrohungsszenario mündet in Politiken der Kriminalisierung, Verdächtigung und Überwachung von (als) Muslim:innen (Markierten) als potentielle ‚Gefährder'. (Attia, Keskinkılıç und Okcu 2021, 17–18)

‚Die Muslim:innen' (oder eben als muslimisch markierte Personen) werden so als spezifische Gruppe „kodiert": „Muslim_innen sind demnach nicht Personen, die einer spezifischen Religionsgemeinschaft angehören [...]. Vielmehr ist die Anrufung als Muslim_in Effekt eines Rassifizierungsprozesses." (Attia 2017, 189) Die „mit Rassekonstruktionen operierende[n] Deutungsmuster über den Islam" ermöglichen zudem die Markierung der Nicht-Zugehörigkeit muslimischer Anderer „zu einem natio-ethno-kulturellen ‚Wir'" (Kooroshy, Mecheril und Shure 2021, 16). ‚Ihre Kultur' und ‚ihre Religion' dient als „dominante Grenzmarkierung zwischen ‚Eigenem' und ‚Fremdem'" (Schooman 2014, 38) – zwischen dem rückständigen und gefährlichen Anderen und dem fortschrittlichen und zivilisierten Wir. Mit diesen Fragmenten sei hier nur sehr andeutungshaft und unvollständig die Wirksamkeit einer historisch gewachsenen und machtvoll implementierten „Vorstellung von Religion als bestimmbare Essenz des Kollektivsubjekts ‚Muslime'" (Akbulut 2017, 175) aufgerufen. Diese Logik der Unterscheidung und Identifizierung ist unter anderem getragen von orientalistischen Wissensordnungen und deren Neuformierungen etwa im Integrations- oder verstärkt im Sicherheitsdispositiv.

María do Mar Castro Varela und Paul Mecheril haben sich mit den Reaktualisierungen dieser Wissensordnungen „im Zuge der diskursiven Geschehnisse rund um die ‚Silvesternacht in Köln' und den ‚Terroranschlägen' in deutschen Städten" (Castro Varela und Mecheril 2016, 8) im Rahmen des Sammelbandes *Die Dämonisierung der Anderen* (2016) auseinandergesetzt. Der Band bringt viele unterschiedliche wissenschaftliche Perspektiven zusammen, die diese Reaktualisierungen kritisch beleuchten. Micha Brumlik hält in seinem Beitrag zu dieser Auseinandersetzung die zentralen Elemente der Praxis der Dämonisierung überzeugend fest. Dämonisierung bedeutet ihm zufolge: „die unausgesprochene Festschreibung und Generalisierung durchaus zu verurteilender, sich massenhaft addierender Handlungen von Einzelnen auf das ‚Wesen' ihrer Kultur, verbunden mit der Annahme, dass es kaum möglich ist, sich dieses Wesens zu entledigen" (Brumlik 2016, 53). Das Wesen wird also quasi zu ihrem unumgänglichen Schicksal. „Ihren Gipfel erreicht diese Dämonisierung dann," so schreibt Brumlik weiter,

> wenn sogar beim Unterbleiben entsprechender Handlungen davon gesprochen wird, dass sich damit ja nicht die innere Einstellung ändere. Das genau entspricht dem Begriff der ‚Dämonisierung', wie sie am historischen Beispiel herausgearbeitet wurde: dem Beharren auf unveränderlichen, negativen Charakterzügen sämtlicher Angehöriger einer wie auch immer stigmatisierten Bevölkerungsgruppe, Charakterzügen, die ihrer unveränderlichen Kultur zugeschrieben werden. (Brumlik 2016, 53)

Wenn Religion als Bezug für Dämonisierungspraktiken, das heißt für Praktiken der Zuordnung und Fixierung von Menschen und Menschengruppen „zum Zwecke der Legitimierung von Ausschluss und zur Legitimierung von Ungleichbehandlung und Herrschaft" genutzt wird, wird an „die Logik rassistischer Ordnungen" angeschlossen (Mecheril und Thomas Olalde 2011, 58). Die Thematisierung von Religion im Sinne des „identitäre[n] Schicksal[s]" der Anderen (Mecheril und Thomas Olalde 2011, 40) ist so auch an der Aufrechterhaltung postkolonialer Macht- und Ungleichheitsverhältnisse beteiligt.

4 Religion und Bildung in der Migrationsgesellschaft – ein Schluss

Religion als migrationsgesellschaftliches Schlüsselthema ist eng verknüpft mit dem Aufrufen dominanter Bilder zum Islam und den Muslimen. Mecheril und Thomas-Olalde modellieren die oben ausgeführten Sprechweisen über Religion unter anderem um aufzuzeigen, inwiefern Religion auch im Kontext von Säkularisierungsbewegungen und einer Tendenz der Individualisierung von Religion etwa in „pädagogischen Kontexten als situierte Handlungs- und Interpretationsoption der Bezeichnung und der Herstellung von Anderen" (Mecheril und Thomas-Olalde, 56) eine Rolle spielt. In dieser Perspektive geht es in der Auseinandersetzung mit „Religion und Bildung" in der Migrationsgesellschaft darum, Religion unter anderem als einen Aspekt zu betrachten, der in spezifische historische Bedingungen eingebunden ist – Bedingungen der (Re-)Produktion, Zuweisung und Verhandlung natio-ethno-kultureller Zugehörigkeit. Mit dem Blick auf Religion(en) in postkolonialen Verhältnissen rückt die kritische Reflexion orientalistischer Wissensbestände in den Fokus sowie die Frage danach, inwiefern die Thematisierung von Religion in komplexe Differenzordnungen eingewoben ist. Postkoloniale Zugänge ermöglichen in diesem Zusammenhang eine theoriegeleitete Rekonstruktion von Kontinuitäten oder auch Spuren der im Rahmen des Orientalismus entworfenen sowie machtvoll durchgesetzten Bilder.

> Postkoloniale Theorie stellt eine wichtige kritische Intervention in die Geistes- und Sozialwissenschaften dar, die unter anderem die hegemoniale Wissensproduktion, die epistemische Gewalt […] in den Blick nimmt. Im die Pädagogik interessierenden Fokus stehen das Zusammenspiel von Bildung und Macht sowie die permanent scheiternden Dekolonisierungsprozesse, die unter anderem Folgen zeitigen, die die Art und Weise wie und was hegemonial als Wissen qualifiziert wird, bestimmen. (Castro Varela 2016, 152)

Castro Varelas Betonung des „Zusammenspiel[s] von Bildung und Macht" verweist uns auf den Beitrag von Bildungsprozessen und Bildungsinstitutionen hinsichtlich der (Re-)Stabilisierung bestehender Machtverhältnisse – etwa durch die Wiederholung der historisch produzierten Episteme. Dekolonisierungsprozesse, zum Beispiel pädagogischer und erziehungswissenschaftlicher Grundlagen oder Routinen, „scheitern" unter anderem an der fehlenden Unter-Brechung dieser Wiederholungsschleifen – unter anderem, weil Historisierungen ausbleiben. Eine kontextrelationale Dekolonisierungsbewegung[2], im Sinne einer Infragestellung dominanter Episteme, könnte unter anderem in der systematischen Unter-Brechung ihren Ausgang finden. Mit Blick auf Bildung und Pädagogik geht es unter anderem um ein Bewusstsein für die Verschränkung von postkolonialen Verhältnissen und der Thematisierung von Religion und so auch um die Rolle von Pädagogik und Bildung hinsichtlich der Reproduktion von machtvollen Religionsverhältnissen. Damit ist zugleich eine kritische Betrachtung der durchaus normalisierten Strukturen und Praktiken (in Bildungsinstitutionen) verbunden, die potentiell an orientalistische Logiken anknüpfen und damit rassistisches Wissen reproduzieren. Ein wichtiger Punkt ist in diesem Zusammenhang die differentielle und differentialisierende Thematisierung von Religion(en). Dies schließt die Frage danach ein, inwiefern das

---

2 Ich spreche hier von einer „kontextrelationalen Dekolonisierungsbewegung", weil das allgemeine Sprechen von Dekolonisierung die sehr differenten Elemente, Bedingungen und Positionen/Positionierungen im Hinblick auf Dekolonisierung und Dekolonisierungsanstrengungen (in einem globalen Sinne) verwischen kann. So ist die Auseinandersetzung mit dem Anliegen der Dekolonisierung dominanter Episteme im Bereich „Religion und Bildung" doch sehr spezifisch und bildet lediglich einen sehr kleinen Teil dessen ab, was unter Dekolonisierung verstanden werden kann oder soll.

Sprechen über oder die Thematisierung von Religion als in unterschiedlicher Weise macht- und gewaltvoll betrachtet und analysiert werden kann. So sind die Sprechweisen/Thematisierungen (Abschnitt 2) mit unterschiedlichen Anrufungen und Subjektivierungen verbunden, die effektvoll in Bildung und Bildungsverhältnisse hineinwirken. Die Auseinandersetzung mit „Religion und Bildung" in einer postkolonialen oder auch an Dekolonisierung interessierten Einstellung wäre daher immer auch zu binden an die Prozesse der kolonialen Erfindung des Orients. Pädagog:innen, die hier einsetzen möchten, könnten nach Wegen suchen, die „Vorsicht bei der Zuordnung von Menschen zu ‚ihrer' Religion" (Mecheril und Thomas-Olalde 2018, 196) zu kultivieren sowie nach Möglichkeiten, Historisierungen und Unter-Brechungen hinsichtlich der normalisierten Wissensordnungen bezogen auf Religion(en) und Religiosität(en) systematisch in pädagogische Zusammenhänge einzubringen, insbesondere dann, wenn sie an einer Pädagogik mitwirken möchten, die an Bedingungen interessiert ist, die eine würdevollere Existenz aller möglicher machen (Mecheril 2014, 170; Rangger i. E.).

Literatur

Akbulut, Nurcan. 2017. „Diskursive Verfestigungen ‚muslimischer Alterität'." In *Rassismuskritik und Widerstandsformen*, hg. v. Karim Fereidooni und Meral El, 165–179. Wiesbaden: Springer VS.

Amir-Moazami, Schirin. 2016. „Dämonisierung und Einverleibung: Die ‚muslimische Frage' in Europa." In *die Dämonisierung der Anderen: Rassismuskritik der Gegenwart*, hg. v. María do Mar Castro Varela und Paul Mecheril, 21–39. Bielefeld: transcript, doi: 10.1515/9783839436387-002.

Attia, Iman. 2011. „Diskurse des Orientalismus und antimuslimischen Rassismus in Deutschland." In *Rassismuskritik*. Band I: Rassismustheorie und -forschung, hg. v. Claus Melter und Paul Mecheril, 146–162. Schwalbach/Ts.: Wochenschau-Verlag.

Attia, Iman. 2017. „Diskursverschränkungen des antimuslimischen Rassismus." In *Rassismuskritik und Widerstandsformen*, hg. v. Karim Fereidooni und Meral El, 181–192. Wiesbaden: Springer VS.

Attia, Iman, Keskinkılıç, Ozan Zakariya und Büsra Okcu. 2021. *Muslimischsein im Sicherheitsdiskurs. Eine rekonstruktive Studie über den Umgang mit dem Bedrohungsszenario*. Bielefeld: transcript.

Brumlik, Micha. 2016. Juden: „Vampyre – Gemeinschaftliche Dämonen." In *Die Dämonisierung der Anderen: Rassismuskritik der Gegenwart*, hg. v. María do Mar Castro Varela und Paul Mecheril, 41–56. Bielefeld: transcript, doi: 10.1515/9783839436387-002.

Castro Varela, María do Mar und Nikita Dhawan. 2015. *Postkoloniale Theorie. Eine kritische Einführung*. 2. Aufl. Bielefeld: transcript.

Castro Varela, María do Mar. 2016. „Postkolonialität." In *Handbuch Migrationspädagogik*. Pädagogik, hg. v. Paul Mecheril, 152–325. Weinheim, Basel: Beltz Juventa.

Castro Varela, María do Mar und Saphira Shure. i. E. „Social Inequality from a postcolonial perspective." In *Global Handbook of Inequality*, hg. v. Surinder Jodhka and Boike Rehbein. Wiesbaden: Springer VS.

Dirim, İnci und Paul Mecheril. 2018. *Heterogenität, Sprache(n), Bildung. Eine differenz- und diskrimminierungstheoretische Einführung*. Bad Heilbrunn: UTB.

Dirim, İnci und Paul Mecheril. 2022. „Religion als Unterscheidung. Ein Kommentar aus rassismuskritischer Perspektive." In *Religionsunterricht im Plausibilisierungsstress. Interdisziplinäre Perspektiven auf aktuelle Entwicklungen und Herausforderungen*, hg. v. Michael Domsgen und Ulrike Witten, 161–168. Bielefeld: transcript.

Karakaşoğlu, Yasemin und Gritt Klinkhammer. 2016. „Religionsverhältnisse." In *Handbuch Migrationspädagogik*. Pädagogik, hg. v. Paul Mecheril, 294–310. Weinheim, Basel: Beltz Juventa.

Kooroshy, Shadi, Paul Mecheril und Saphira Shure. 2021. „Rassismus in der Migrationsgesellschaft." In *Rassismuskritische Bildungsarbeit. Reflexionen zu Theorie und Praxis*, hg. v. Karim Fereidonni und Stefan E. Hößl, 15–33. Frankfurt a. M.: Wochenschau Verlag.

Mecheril, Paul. 2002. „Natio-kulturelle Mitgliedschaft – ein Begriff und die Methode seiner Generierung." *Tertium comparationis* 8 (2): 104–115.

Mecheril, Paul. 2004. *Einführung in die Migrationspädagogik*. Weinheim: Beltz.

Mecheril, Paul. 2014. „Kritik als Leitlinie (migrations)pädagogischer Forschung." In *Theoretische Perspektiven der modernen Pädagogik*, hg. v. Albert Ziegler und Elisabeth Zwick, 159–173. Münster, Berlin, London: LIT.

Mecheril, Paul, María do Mar Castro Varela, İnci Dirim, Annita Kalpaka und Claus Melter. 2010. *Bachelor / Master: Migrationspädagogik*. Weinheim: Beltz.

Mecheril, Paul und Oscar Thomas-Olalde. 2011. „Die Religion der Anderen. Anmerkungen zu Subjektivierungspraxen der Gegenwart." In *Jugend, Migration und Religion. Interdisziplinäre Perspektiven*, hg. v. Brigit Allenbach, Urmila Goel, Merle Hummrich und Cordula Weisskõppel, 35–68. Baden-Baden: Nomos-Verlag.

Mecheril, Paul und Oscar Thomas-Olalde. 2018. „Religion oder die Identifikation der Anderen." In *Heterogenität, Sprache(n), Bildung. Eine differenz- und diskriminierungstheoretische Einführung*, hg. v. İnci Dirim und Paul Mecheril, 179–198. Bad Heilbrunn: Klinkhardt (Studientexte Bildungswissenschaft).

Hall, Stuart. 1994. „Der Westen und der Rest. Diskurs und Macht." In *Rassismus und kulturelle Identität*. Ausgewählte Schriften 2, hg. v. Stuart Hall, 137–179. Hamburg: Argument.

Rangger, Matthias. i. E. Kontingenz und Bildung. *Migrationspädagogische Überlegungen zu einem politischen Bildungsbegriff. Bielefeld: transcript.*

Said, Edward. [1978] 2009. *Orientalismus*. Frankfurt a. M.: Fischer.

Scherschel, Karin. 2011. „Rassismus als flexible symbolische Ressource – Zur Theorie und Empirie rassistischer Argumentationsfiguren." In *Rassismuskritik. Band I: Rassismustheorie und -forschung*, hg. v. Claus Melter und Paul Mecheril, 123–139. Schwalbach/Ts.: Wochenschau-Verlag.

Shooman, Yasemin. 2014. „Historische Traditionslinien und theoretische Einordnung antimuslimischer Diskurse." In *„... weil ihre Kultur so ist" Narrative des antimuslimischen Rassismus*, 35–82. Bielefeld: transcript.

Henrik Simojoki
Dekolonialität, Rassismus und Bildung
Religionspädagogische Perspektiven

1 Einleitung

Den drei Begriffen, die diesen Beitrag mit dem von Saphira Shure verbinden, ist eines gemeinsam: Sie haben alle mit dem an sich legitimen, in gewisser Hinsicht unausweichlichen und in seinen Manifestationen oft hochproblematischen Bedürfnis von Menschen zu tun, die überwältigende Komplexität der sozialen Welt zu ordnen (vgl. Freuding 2022, 221–326). Daher setze ich ein mit einer Ordnungskonstruktion, die sich bei der Begriffstrias „Dekolonialität, Rassismus und Bildung" besonders nahelegt. In öffentlichen Debatten, in Bildungsinitiativen und nicht zuletzt auch in der wissenschaftlichen Debatte werden diese Begriffe in einer Weise einander zugeordnet, deren Logik ich bewusst zuspitzend in drei Sätzen verdichten will: Dekolonialität ist anzustreben. Rassismus soll verhindert werden. Bildung ist der Weg, beides zu bewerkstelligen.

Es geht im Folgenden nicht darum, die Legitimität dieser Ordnungskonstruktion abzustreiten. Im Gegenteil: Dekolonialisierung und rassismuskritische Bildung sind vordringliche und lange Zeit eklatant vernachlässigte Aufgaben religionspädagogischer Theorie und Praxis. Wenn vorliegender Beitrag eine eher problematisierende Argumentationsrichtung einschlägt, dann deshalb, weil dieses weit verbreitete Ordnungsmuster anfällig für Enttäuschungen ist. Entsprechend wichtig ist es, der Komplexität dieser Dreieckbeziehung gerecht zu werden, und das bereits auf Begriffsebene.

2 Terminologische Klärungen und perspektivische Fokussierungen

Den drei Leitbegriffen, die im Folgenden fokussiert werden, ist nämlich noch ein zweites gemeinsam: Sie sind allesamt en vogue, eminent mehrdeutig und haben ein enormes Potenzial zur Ausweitung ihres Bezugsfeldes.

Dies gilt bereits für den für diesen Band leitenden Begriff der Dekolonialität. Dieser hat seinen kritischen Bezugspunkt in der Kolonialität als einer „Form des Denkens, der Sprache oder Struktur der Wirklichkeit, denen koloniale Muster zugrunde liegen und die koloniale Differenzen oder Machtstrukturen beinhalten oder reproduzieren" (Kleinschmidt 2021, 4). Folglich zielt Dekolonisierung darauf, solche fortwirkenden Muster, Strukturen und Differenzkonstruktionen sichtbar zu machen, zu unterhöhlen und abzubauen. Mit dieser allgemeinen Bestimmung geht die Grundentscheidung einher, den Begriff der Dekolonialität nicht kontrastiv auf die „postcolonial studies" zu beziehen. Vielmehr werden im Folgenden, Stefan Silber folgend, unter das Attribut „postkolonial" auch diejenigen Strömungen dieser Theoriefamilie gefasst, die sich, wie etwa „dekoloniale" Ansätze lateinamerikanischer Provenienz, kritisch von der originären Programmatik des Postkolonialismus abgrenzen (vgl. Silber 2021, 18–20). Dies entspricht nicht nur der Selbstverortung des Verfassers, sondern auch dem Mainstream der religionspädagogischen Postkolonialismusrezeption, in der in der Regel keine scharfe Grenze zwischen post- und dekolonialen Theorieperspektiven gezogen wird (vgl. Brandstetter und Lehner-Hartmann 2023).

Nimmt man diesen Diskurs näher in den Blick, fällt zudem auf, dass das konzeptionelle und analytische Instrumentarium postkolonialer Ansätze auf immer neue Phänomene bezogen wird, die in vielen Fällen in überhaupt keiner Beziehung mehr zum historischen Kolonialismus stehen, von dem sie ausgehen. Es ist aber begründungsbedürftig, wenn man den Kolonialismusbegriff aus seinem originären Kontext herauslöst. Eine auch religionspädagogisch gangbarere Brücke hat hier Homi Bhabha geschlagen. Bhabha geht davon aus, dass sich in der gegenwärtigen Weltgesellschaft auch die Bevormundungsmuster, Marginalisierungserfahrungen und Unterdrückungskonstellationen der kolonialen Zeit globalisiert haben (Bhabha 2004, ix–xxv; vgl. Simojoki 2018, 266–268). Folgerichtig bildet die weltweite Migration einen bevorzugten Analysekontext seiner postkolonialen Kulturtheorie: Wie bei den kolonialisierten Völkern finden auch die kulturellen Hybridisierungsstrategien von Migrantinnen und Migranten auf einer Arena statt, auf der um Deutungsmacht, um Selbstbehauptung und in letzter Konsequenz ums Überleben gekämpft wird (Bhabha 2004, 339). Vor diesem Hintergrund liegt der Fokus nachfolgender Überlegungen auf der, mit Naika Foroutan (2019) ausgedrückt, „postmigrantischen Gesellschaft", die Deutschland mittlerweile geworden ist – und in ihr besonders auf der Schule, die, wie sich zeigen wird, wenn schon kein Kampfplatz (vgl. Bhabha 2004, 292), dann doch ein Ort zuweilen harter Aushandlungsprozesse ist. In diesem Kontext bezeichnet Dekolonialisierung eine Praxis, die kolonial strukturierte Unterdrückungs-, Diskriminierungs- und Otheringdynamiken aufdeckt, herausfordert und zurückdrängt (Kleinschmidt 2021, 4–5).

Noch schwieriger einzugrenzen ist der Begriff des Rassismus. Gemäß der religionspädagogischen Zielrichtung des Beitrags beziehe ich mich auf den religionsbezogenen Rassismus und setze auch hier einen spezifischen Akzent: Im Kontext schulischer Bildung in Deutschland ist der antimuslimische Rassismus ein zwar mittlerweile häufiger thematisiertes, aber religionspädagogisch bis heute weitgehend unbewältigtes Thema (vgl. Fareidooni 2020). Die spezifische Stoßrichtung dieses Begriffs tritt zutage, wenn man ihn mit dem ebenfalls verbreiteten Begriff der Islamfeindlichkeit vergleicht. Während jener auf die Ablehnung einer Religion abhebt, akzentuiert die Perspektive des antimuslimischen Rassismus, wie Yasemin Shooman in ihrem einschlägigen Standardwerk hervorhebt, die Rassifizierung der Muslim:innen: „Aus einer dominanten gesellschaftlichen Position heraus werden sie unabhängig von einem individuellen Glaubensbekenntnis als eine homogene und quasi-natürliche Gruppe in binärer Anordnung zu weißen christlichen/atheistischen Deutschen bzw. Europäern konstruiert und mit kollektiven Zuschreibungen versehen; es wird ein Wissen über sie und ihr Wesen als Gruppe erzeugt, und sie gelten anhand verschiedener Merkmale als ‚identifizierbar'" (Shooman 2014, 64–65). Auch dieser spezifische Rassismusbegriff ist insofern schwer zu bändigen, als er sich auf unterschiedliche Ebenen und Formen des Sozialen beziehen lässt: strukturell auf die Gesellschaft insgesamt, institutionell auf tragende Institutionen wie das staatliche Schulwesen oder auch die Kirche und schließlich individuell als Einstellung oder Haltung einzelner Menschen.

Schließlich ist auch der Begriff der Bildung zu spezifizieren. Es geht im Folgenden nicht um Bildung insgesamt oder auch um religiöse Bildung in ihrer ganzen Spannbreite. Der Blick richtet sich vielmehr auf interreligiöse Bildung (Meyer 2019), weil dieser in der bildungspolitischen Debatte wie auch in der religionspädagogischen Diskussion oft die Aufgabe zugewiesen wird, antimuslimischem Rassismus entgegenzuwirken. Auch beim Begriff der interreligiösen Bildung müssen zwei Verwendungsweisen unterschieden werden: Auf der einen Seite bezeichnet er eine bestimmte pädagogische Praxis, in der das Interreligiöse auf thematischer und/oder personaler Ebene in Lernprozesse überführt wird. Auf der anderen Seite handelt es sich um ein normativ aufgeladenes Konzept, das mit zum Teil weitreichenden Transformationserwartungen verbunden ist.

3 Antimuslimischer Rassismus in der Schule – empirische Annäherungen

3.1 Antimuslimische Einstellungen in der Gesellschaft und unter Jugendlichen

Um vor diesem Hintergrund Aufgaben und Möglichkeiten interreligiöser Bildung genauer umreißen zu können, sind empirische Aufschlüsse darüber notwendig, wie verbreitet antimuslimischer Rassismus in der deutschen Gesellschaft und an deutschen Schulen ist. Erste Anhaltspunkte bieten die Leipziger Autoritarismus

Studien, die im Rahmen eines weiter angelegten Designs zur Erforschung autoritärer Dynamiken auch die Präsenz antimuslimischer Einstellungen unter der deutschen Bevölkerung untersuchen. Die längsschnittlichen und aktuellen Befunde führen vor Augen, dass antimuslimische Ressentiments kein Randphänomen extremer Gruppierungen sind, sondern in der deutschen Bevölkerung breit und dauerhaft verankert sind. In der Studie von 2022 bejahten 46,6 % der Menschen in Ostdeutschland und 23,6 % der Befragten in Westdeutschland die Aussage „Muslimen sollte die Zuwanderung nach Deutschland untersagt werden" (Decker et al. 2022, 72). Im Osten gaben 42,7 % und im Westen 36,6 % an, sich durch „die vielen Muslime hier […] manchmal wie ein Fremder im eigenen Land" zu fühlen. Die signifikante Ost-West Differenz zeigt sich auch in diachroner Betrachtung: Während die Zustimmungswerte zu beiden Items zwischen 2014 und 2022 im Westen um 11,0 bzw. 7,8 Prozentpunkte gesunken sind, ist für die ostdeutschen Bundesländer ein Anstieg von 6,4 bzw. 9,2 Prozentpunkten zu konstatieren.

In einer vertiefenden Analyse hat Gert Pickel die Daten der Autoritarismus Studie von 2020 daraufhin ausgewertet, ob sich die Religions- bzw. Konfessionszugehörigkeit auf Muslimfeindlichkeit auswirkt (Pickel 2022, 20). Dabei stellte sich heraus, dass die Zustimmung zu den beiden oben genannten Items bei Menschen ohne Religionszugehörigkeit und besonders bei Mitgliedern von Freikirchen etwas höher lagen als bei evangelisch-landeskirchlichen und katholischen Befragten.

Da das Jugendalter in der Leipziger Autoritarismus Studie klar unterrepräsentiert ist, wäre angesichts der erfassten Kohorten denkbar, dass antimuslimische Einstellungen in erster Linie ein Generationsphänomen sind. Dagegen spricht jedoch, dass in der Shell-Jugendstudie 2019 ein gutes Drittel der befragten Jugendlichen der Aussage zustimmt, die deutsche Gesellschaft werde „durch den Islam unterwandert" (Schneekloth und Albert 2019, 77).

3.2 Antimuslimische Diskriminierungs- und Rassismuserfahrungen in der Schule

Bei der Frage nach antimuslimischem Rassismus im Kontext der Schule gibt es keine vergleichbaren quantitativen Studien. Dagegen sind eine ganze Reihe von qualitativ-empirischen Studien durchgeführt worden, welche die Erfahrungen muslimischer Schülerinnen und Schüler im schulischen Kontext untersuchen. So hat etwa Nina Mühe 25 Jugendliche interviewt, die sich selbst als religiöse Muslim:innen verstehen und islambezogene Diskriminierung in der Schule erlebt haben. In Mühes Auswertung tritt zutage, dass die Diskriminierungs- und Ausgrenzungserfahrungen durch offen gelebte Religiosität deutlich verstärkt wurden. Mühe resümiert diesbezüglich: „Viele hatten auch ohne sichtbar markierte Religionszugehörigkeit schon Diskriminierungserfahrungen aufgrund rassistischer Zuschreibungen erlebt, allerdings wurden die Äußerungen gegen sie klarer und spezifischer gegen ihre religiöse Zugehörigkeit gerichtet, nachdem sie diese sichtbar machten" (Mühe 2020, 123). Bei weiblichen Interviewten manifestiert sich diese Tendenz vor allem in der Entscheidung, im Raum der Schule ein Kopftuch zu tragen (Mühe 2020, 123–129). Unter Rückgriff auf Erwing Goffmans Stigma-Theorie macht Mühe einsichtig, wie sehr auch die Entscheidung, kein Kopftuch zu tragen, also das Stigma zu verbergen, durch indirekte Diskriminierungs- und Rassismuserfahrungen bedingt ist.

Dabei liegt es nahe, hier – wie bei Mobbing-Fällen im schulischen Kontext – zunächst an die Schüler:innen, Täter:innen und Mitläufer:innen zu denken. Jedoch fällt bereits in den von Mühe geführten Interviews die ambivalente Rolle der Lehrkräfte auf, die in den Narrationen der muslimischen Jugendlichen nicht nur als Unterstützer:innen gegen Stigmatisierung, sondern auch als Akteur:innen von Stigmatisierung angesprochen werden. In dieser Hinsicht besonders erschreckend und im Blick auf den Berliner Kontext auch erhellend ist ein 2020 veröffentlichter Aufsatz von Aliyeh Yegane Arani. Wie diese in ihrer religionsbezogenen Auswertung der Beschwerdedaten der Berliner Anlaufstellen für Diskriminierungsschutz an Schulen (ADAS) ausführt, „handelte es sich [...] bei dem Großteil der Diskriminierungsmeldungen um Diskriminierungen, die von Lehrkräften, Schulpersonal und der Schule ausgingen" (Yegane Arani 2020, 172). Die Beispiele, die Yegane Arani aufführt, sind schwer verdaulich: Eine Schulleitung, die versucht, einer Schülerin das Kopftuch vom Kopf zu reißen. Eine Mutter, die sich beschwert, weil ihr Kind im Ramadan von der Klassenlehrerin gezwungen wurde, etwas zu essen. Eine Lehrerin, die einen muslimischen Schüler anschreit, weil er bei der Klassenaufführung nicht das Weihnachtslied mitsingt. In vielen geschilderten Fällen geht beim antimuslimischen Rassismus religiöse Diskriminierung einher mit abwertenden Aussagen über die Heimatländer, besonders zugespitzt in folgender von Yegane Arani zitierten Aussage, die eine Lehrerin an eine Gruppe arabischer Schüler:innen ihrer „Willkommensklasse" richtete: „Alle Muslime kommen nach Deutschland wegen des Geldes. Wenn sie es bekommen, sagen sie, dass Deutschland ‚Scheiße' sei, und gehen zurück in ihre Heimatländer und schließen sich ISIS an." (Arani 2020, 176)

Zwar ist es angesichts der eingangs skizzierten empirischen Befunde erst einmal nicht überraschend, dass, wie andere Berufstätige, auch Lehrkräfte nicht vor gesamtgesellschaftlich wirksamen Stereotypen, Ressentiments und Vorurteilen gefeit sind und teilweise muslimfeindlich und rassistisch eingestellt sind. Allerdings ist Diskriminierungsschutz in pädagogischen Handlungskontexten besonders groß zu schreiben. Lehrpersonen nehmen gegenüber ihren Schüler:innen eine Verantwortungs-, Vertrauens- und auch Machtposition ein, die sie zu einem hohen Maß an Achtsamkeit und Reflexivität im Blick auf sprachlich konstituierte

Prozesse gruppenbezogener Festlegung, Vereindeutigung, Ausgrenzung und Abwertung verpflichtet.

4 Islambezogene Religionssensibilität als generelle Aufgabe pädagogischer Professionalisierung

Diese Beobachtung verweist auf eine gewisse Schieflage im religionspädagogischen und auch erziehungswissenschaftlichen Diskurs um Dekolonialität und antimuslimischen Rassismus. Während in den Erziehungswissenschaften, mit einigen bemerkenswerten Ausnahmen (vgl. bes. Mecheril und Olalde 2018), der religionsbezogene Rassismus oft unterbelichtet bleibt, beschränkt sich die religionspädagogische Auseinandersetzung mit Islamfeindlichkeit und antimuslimischem Rassismus weitgehend auf den Religionsunterricht (vgl. Simojoki et al. 2022).

Die damit verbundenen Ausblendungen treten in besonderer Deutlichkeit in der schulischen Bildung von und mit Geflüchteten zutage. Die folgenden Analysen und Überlegungen basieren auf einer qualitativ-empirischen Studie, die im Schuljahr 2017/2018 an bayerischen Berufsschulen durchgeführt wurde (vgl. Simojoki und Kühn 2020). In den nach 2015 in diesem Schulkontext stark ausgebauten Berufsintegrationsklassen kommen Lehrkräfte in besonderer Weise mit der religiösen Bildungsdimension in Berührung. Denn sie unterrichten in Klassen, die fast ausschließlich aus Schüler:innen mit Asylhintergrund bestehen. Dadurch haben sie es verstärkt mit Menschen zu tun, für die Religion potenziell und häufig real eine tragende Lebensdimension sowie ein zentraler Identitätsmarker ist. Im Erhebungsjahr 2017 war die deutliche Mehrheit der Schüler:innen muslimisch, in Widerspiegelung der damaligen Asylstatistiken. Weil in den Berufsintegrationsklassen kein Religionsunterricht vorgesehen ist, sind die hier eingesetzten Lehrkräfte für die Anbahnung der im Lehrplan vorgesehenen kulturellen, ethischen und religionsbezogenen Kompetenzen selbst verantwortlich. Sie müssen also, gleich ob persönlich religiös oder nicht, über grundlegende Kompetenzen religionssensibler Bildung verfügen, unabhängig von ihrer eigenen Fächerkombination und Ausbildung.

Angesichts dieser Herausforderung sollen zwei Beobachtungen der Studie geteilt werden, die durchaus auch (selbst-)kritische Fragen an die Re- und Dekonstruktion muslimfeindlicher Einstellungen in der religionspädagogischen und erziehungswissenschaftlichen Forschung enthalten. Denn in der Studie tritt zutage, dass die islambezogenen Einstellungen der interviewten Lehrkräfte gar nicht so leicht einzuordnen sind. Dieser Befund soll an zwei Interviewpassagen veranschaulicht werden (vgl. zum Folgenden Simojoki 2022, 59–61).

Die erste ist in einem Gesprächskontext eingebettet, in dem es um das Verhältnis zwischen den Berufsintegrations- und Regelklassen geht. Die männliche Lehrkraft verweist auf die im Vergleich geringere Bedeutung der Religion für die in Deutschland aufgewachsenen Schüler:innen, schränkt dann aber ein:

> Ich sehe auch genügend Muslime, die jetzt hier in Deutschland in dem Sinne angekommen sind, dass scheinbar Mohammed da nicht so genau hinschaut oder Allah, und deswegen die auch gerne mal ihren strengen Vorsätzen dann nicht mehr so treu sind, was sie aber auch von Haus aus nicht so stark gemacht haben. Aber ich // die Frage wäre natürlich, in der Fremde, ob die dann der Zuspruch zur Religion als Ratgeber oder Stützpunkt sozusagen, ob man dann das stärker vertraut. Ich möchte meinen: bis auf vielleicht ein paar Ausnahmen, dass die so ein bisschen die engen // das enge Korsett des Islam hier in Deutschland eher abstreifen. Ich mein jetzt nur gefühlsmäßig – meines Erachtens gar nicht so ungerne.

Die von dem Lehrer explizierte Sicht auf den von ihm beobachteten Einstellungswandel bei vielen seiner muslimischen Schüler:innen hat ihren Hintergrund im stereotypen Bild vom Islam als einer Gesetzesreligion, die von ihren Angehörigen strenge Observanz abverlangt. In der Passage begegnen essenzialisierende Wertungen („das enge Korsett") und ironische Distanzierungen („das scheinbar Mohammed da nicht so genau hinschaut oder Allah"), die auf eine eher abschätzige Haltung gegenüber dem Islam hindeuten. Für sich genommen handelt es sich fast schon um ein Lehrbuchbeispiel einer stereotypisierenden Ordnungskonstruktion, die mit einer tendenziellen Herabwürdigung des Islam verbunden ist. Unter dem Aspekt der Kolonialität sticht die ethnische Dichotomisierung zwischen den autoritär strukturierten Herkunftskulturen und dem liberalen gesellschaftlichen Klima in Deutschland besonders hervor.

Die dekonstruktivistisch geprägte Lesart, die ich auf dieses Interviewbeispiel angewandt habe, hat jedoch eine Gefahr: Sie fokussiert Fehlpraktiken und arbeitet heraus, was Lehrkräfte nicht tun sollten. Da die interviewten Lehrkräfte sich selbst mehrheitlich als nicht oder nur schwach religiös verstehen und zudem über nur wenig religionsbezogene Vorbildung verfügen, herrschen bei ihnen erhebliche Unsicherheiten bei der Thematisierung von Religion vor. Bei solchen Lehrkräften kann eine einseitig kritische Dekonstruktion den ungewollten Effekt haben, dass sie aus lauter Angst, Fehler zu machen oder in Fettnäpfchen zu treten, gar nicht mehr auf die religiöse Dimension von Bildung und Schule eingehen. Wie oben deutlich wurde, geht aber gerade die Ausblendung der religiösen Dimension mit der Verfestigung religionsbezogener Marginalisierungsstrukturen einher. Ist dem so, dann ist Religionssensibilität als Ziel pädagogischer Professionalität (vgl. Simojoki 2021) ohne ein gewisses Maß an Fehlertoleranz nicht zu erreichen.

Diese These verbindet sich mit einer Pointe, die an einem weiteren Interviewbeispiel anschaulich wird. Am Ende ihres Interviews kommt eine Lehrkraft noch auf den Islam zu sprechen. Nach der Ausleitungsfrage („Gibt es noch etwas, was Sie sagen wollen?") hält sie kurz inne – und setzt dann zu einer letzten Positionierung an:

> Ich bemerke bei mir eine faszinierende oder eine Faszination, die von dem Islam ausgeht, von einigen Schülern, die den Islam sehr, sehr positiv leben. Vor denen ich riesengroßen Respekt habe, die auch ganz konkret sagen, so in ihrer Wahrnehmung des Korans, so in ihrer Auslegung, ähm, Deutung – kommt es mir unglaublich entgegen, finde ich sehr interessant, exotisch auch natürlich. Die () Christen manchmal dagegen, die sind // denen fehlt es ein bisschen an Esprit. Der Wunsch vielleicht allgemein, dass sich Kirche erneuert, aber das ist auch sehr schwierig durchzusetzen oder schwieriger, als es einfach nur so zu sagen.

Vergleicht man diese Interviewpassage mit der zuvor zitierten, könnte der Unterschied kaum größer sein: Während die Lehrkraft dort ein klassisches, den Islam herabwürdigendes Stereotyp reproduziert, bescheinigt sie hier dem Islam, so wie er von einigen seiner Schüler gelebt und interpretiert wird, eine auch für ihn persönlich hohe Anziehungskraft. Begegnen dort eher abschätzige Wertungen, sind die mit islamischem Glauben verbundenen Konnotationen in dieser Äußerung fast überschwänglich positiv („sehr positiv", „riesengroßen Respekt", „unglaublich entgegen", „sehr interessant").

Worauf es hier ankommt: Die beiden Zitate stammen aus demselben Interview. Es ist eine Lehrkraft, die beides sagt. Die Spannung zwischen beiden Zitaten sollte nicht vorschnell aufgelöst werden: Dass die Bezugnahmen auf den Islam im letzteren Fall, wie auch im Gesamtinterview, mehrheitlich positiv sind, ändert nichts daran, dass die Aussagen über den Islam im ersten Zitat stereotypisierend und tendenziell diffamierend sind. Umgekehrt aber greift es zu kurz, aus diesen Aussagen auf ein generelles Einstellungsmuster zu schließen. Offenbar können islambezogene Positionierungen bei Lehrkräften spannungsvoll, fluide und inkonsistent sein.

Daher könnte es hilfreich sein, bei der Prävention und beim Abbau antimuslimischer Einstellungen bewusst im Vorfeld des religionsbezogenen Rassismus anzusetzen: bei Stereotypen, Vorurteilen und Ressentiments als Herausforderungen interreligiösen Lernens (vgl. Simojoki et. al. 2022). Dafür spricht auch eine wichtige Einsicht der Einstellungspsychologie: Wenn sich individuelle Überzeugungen und Einstellungen rassistisch verfestigt haben, sind sie nur noch sehr schwer zu ändern. Dekolonialisierende Bildung sollte folglich auch im Fall des antimuslimischen Rassismus idealerweise bereits früher angebahnt werden, und zwar sowohl im Blick auf die Lehrkräfte als auch, wie im Schlussabschnitt dieses Beitrags, im Blick auf die Schülerinnen und Schüler.

5 Abbau von antimuslimischem Rassismus durch interreligiöse Bildung?

In seinem Versuch, die aus seiner Sicht allzu optimistischen Grundannahmen in Konzepten und Diskursen zu interreligiöser Bildung zu erschüttern, hat Alexander Unser (2022) bewusst zuspitzend einen Geburtsfehler in der deutschsprachigen Konzeptentwicklung von interreligiösem Lernen diagnostiziert: Diese habe ihre Wurzel in religionstheologischen Innovationen und interreligiösen Dialoginitiativen und richte sich folglich bis heute vornehmlich am „Ideal des interreligiösen Dialogs" aus (Unser 2022, 151). Dadurch komme es leicht zu überhöhten Wirksamkeitserwartungen, die von existierenden Theorien und Befunden der Einstellungsforschung nicht gedeckt werden.

Nimmt man, wie Unser es tut, die insgesamt noch wenigen, vorwiegend an der Universität Tübingen durchgeführten Wirksamkeitsstudien zu interreligiöser Bildung (vgl. bes. Merkt, Schweitzer und Biesinger 2014; Schweitzer, Bräuer und Boschki 2017) unter diesem Gesichtspunkt in den Blick, ist der quantitative Hauptbefund zunächst einmal desillusionierend: In den meisten Studien zeitigten die untersuchten interreligiösen Lernprozesse keine nachweisbar transformativen Effekte auf die Einstellungen und Haltungen der Schüler:innen (Unser 2022, 153–157). Die Ernüchterung über diesen Befund sollte aber durch die sozialpsychologische Einsicht abgefedert werden, dass antimuslimische oder gar rassistische Einstellungen sich in oft komplexen Sozialisationsprozessen über Jahre hinweg ausgebildet haben und sich folglich nur schwer in kurzfristig angelegten Interventionen dekonstruieren lassen. Die Ernüchterung kann also erst einmal heilsam sein und interreligiösem Lernen, um auf eine von Siegfried Bernfeld ([1925] 2000, 13) geprägte Wortschöpfung zurückzugreifen, zu mehr „Tatbestands-Gesinnung" verhelfen.

Allerdings ergeben sich aus der religionspädagogischen Wirksamkeitsforschung auch wertvolle Hinweise auf Faktoren, die eine positive Einstellungsänderung wahrscheinlicher machen (vgl. Unser 2022, 157–160). Im Lichte bisheriger Studien scheint existenzielle Relevanz ein besonders wichtiges Kriterium transformativer interreligiöser Bildung zu sein. Offenbar müssen Lehrkräfte darauf achten, ob die von ihnen selbst als bedeutsam angesehenen Zielvorstellungen und Problemlagen wirklich auch ein Thema der Schüler:innen sind. Weil interreligiöse Verständigung für die meisten Lehrenden positiv besetzt, existenziell bedeutsam und religionsdidaktisch zentral ist, kann es hier besonders leicht dazu kommen, dass das eigene Relevanzempfinden in die Schüler:innenperspektive hineinprojiziert wird. Auch bedeutet das persönliche Entsetzen über die gesellschaftliche Präsenz antimuslimischer Einstellungen noch längst nicht, dass man diese Wahrnehmung auch bei Schüler:innen voraussetzen kann. Daher überrascht es nicht, dass Einstellungsänderungen dort besser zu gelingen scheinen, wo sich der interreligiöse Lernprozess an alltäglichen „interreligiösen Überschneidungssituationen" (Willems 2011, 229–242) orientiert.

Schließlich sind Lernwege zu fördern, die den Schüler:innen – und als Voraussetzung dazu: auch den Lehrenden – Möglichkeiten zur Selbstreflexion geben. Zum einen geht es darum, sich der Perspektivität – und damit Begrenztheit – des eigenen Standpunkts bewusst zu werden. Zum anderen zielt „self-examination" im Sinne Martha Nussbaums auf die Fähigkeit, eigene Positionen zu hinterfragen, argumentativ zu vertreten und kritisch zu überprüfen (Simojoki 2021, 117–119). Im Lichte der präsentierten Befunde wäre im Blick auf den Islam besonders darauf zu achten, inwieweit die oft konfliktbestimmten medialen Bilder und Inszenierungen (vgl. Havez und Schmidt 2022) die eigene Sicht dieser Religion formen und vielleicht verzerren.

Literaturverzeichnis

Bernfeld, Siegfried. [1925] 2000. *Sisyphos oder die Grenzen der Erziehung* (8. Auflage). Frankfurt a. M.: Suhrkamp.

Bhabha, Homi K. 2004. *The Location of Culture. With a new preface by the author.* London und New York: Routledge.

Brandstetter, Bettina und Andrea Lehner-Hartmann. 2023. „Postkoloniale Perspektiven in der Religionspädagogik." *Österreichisches Religionspädagogisches Forum* 31: 6–12.

Decker, Oliver, Johannes Kiess, Ayline Heller, Julia Schuler und Elmar Brähler. 2022. „Die Leipziger Autoritarismus Studie 2022. Methode, Ergebnisse und Langzeitverlauf." In *Autoritäre Dynamiken in unsicheren Zeiten. Neue Herausforderungen – alte Reaktionen?*, hg. v. Oliver Decker, Johannes Kiess, Ayline Heller und Elmar Brähler, 31–90. Gießen: Psychosozial-Verlag.

Fereidooni, Karim. 2020. „‚Ich erwähne das Thema Islam auch kaum, ne? Da muss man aufpassen. Ich will da keine Probleme kriegen.' Antimuslimischer Rassismus im Lehrer*innenberuf." In *Religion in der Schule. Pädagogische Praxis zwischen Diskriminierung und Anerkennung*, hg. v. Joachim Willems, 105–118. Bielefeld: transcript.

Foroutan, Naika. 2017. *Die postmigrantische Gesellschaft. Ein Versprechen der pluralen Demokratie.* Bielefeld: transcript.

Freuding, Janosch. 2022. *Fremdheitserfahrung und Othering. Ordnungen des „Eigenen" und „Fremden" in interreligiöser Bildung.* Bielefeld: transcript.

Hafez, Kai und Sabrina Schmidt. 2020. Rassismus und Repräsentation: das Islambild deutscher Medien im Nachrichtenjournalismus und im Film, https://www.bpb.de/lernen/bewegtbild-und-politische-bildung/themen-und-hintergruende/314621 (abgerufen am 17.06.2022).

Kleinschmidt, Malte. 2021. *Dekoloniale politische Bildung. Eine empirische Untersuchung von Lernendenvorstellungen zum postkolonialen Erbe.* Wiesbaden: Springer VS.

Mecheril, Paul und Oscar Thomas Olalde. 2018. „Religion oder die Identifikation der Anderen." In *Heterogenität, Sprache(n), Bildung. Eine differenz- und diskriminierungstheoretische Einführung*, hg. v. İnci Dirim und Paul Mecheril, 179–196. Bad Heilbrunn: Klinkhardt.

Merkt, Heinrich, Friedrich Schweitzer und Albert Biesinger, Hg. 2014. *Interreligiöse Kompetenz in der Pflege. Pädagogische Ansätze, theoretische Perspektiven und empirische Befunde*. Münster und New York: Waxmann.

Meyer, Karlo. 2019. *Grundlagen interreligiösen Lernens*. Göttingen: Vandenhoeck & Ruprecht.

Mühe, Nina. 2020. „Stigmatisierung junger Muslim/innen in der Schule. Reaktionen und Ressourcen." In *Religion in der Schule. Pädagogische Praxis zwischen Diskriminierung und Anerkennung*, hg. v. Joachim Willems, 119–136. Bielefeld: transkript.

Pickel, Gert. 2022. „Stereotype und Vorurteile als Herausforderungen für das Interreligiöse Lernen." In *Stereotype – Vorurteile – Ressentiments. Herausforderungen für das interreligiöse Lernen*, hg v. Mouhanad Khorchide, Konstantin Lindner, Antje Roggenkamp, Clauß Peter Sajak und Henrik Simojoki, 13–28. Göttingen: Vandenhoeck & Ruprecht.

Schneekloth, Ulrich und Matthias Albert. 2019. „Jugend und Politik: Demokratieverständnis und politisches Interesse im Spannungsfeld von Vielfalt, Toleranz und Populismus." In *Jugend 2019. Eine Generation meldet sich zu Wort. 18. Shell Jugendstudie*, hg. v. Shell Deutschland Holding, 47–101. Weinheim und Basel: Beltz.

Schweitzer, Friedrich, Magda Bräuer und Reinhold Boschki, Hg. 2017. *Interreligiöses Lernen durch Perspektivenübernahme. Eine empirische Untersuchung religionsdidaktischer Ansätze*. Münster und New York: Waxmann.

Shooman, Yasemin. 2014. *„… weil ihre Kultur so ist". Narrative des antimuslimischen Rassismus*. Bielefeld: transkript.

Silber, Stefan. *Postkoloniale Theologien. Eine Einführung*. Tübingen: Narr Francke Attempto.

Simojoki, Henrik. 2018. „Ökumenisches Lernen, Hybridisierung und Postkolonialismus. Versuch einer kritischen Verschränkung." In *Postkoloniale Theologien II. Perspektiven aus dem deutschsprachigen Raum*, hg. v. Andreas Nehring und Simon Wiesgickl, 256–270. Stuttgart: Kohlhammer.

Simojoki, Henrik. 2021. „Religious Sensitivity and Teacher Professionalism in the Field of School-Based Refugee Education. Empirical Findings and Conceptual Perspectives." In *Religious Diversity at School. Educating for New Pluralistic Contexts*, hg. v. Ednan Aslan und Marcia Hermansen, 109–122. Wiesbaden: Springer VS.

Simojoki, Henrik. 2022. „Islambezogene Ordnungskonstruktionen von Lehrkräften im Kontext schulischer Bildung von Geflüchteten." In *Stereotype – Vorurteile – Ressentiments. Herausforderungen für das interreligiöse Lernen*, hg. v. Mouhanad Khorchide, Konstantin Lindner, Antje Roggenkamp, Clauß Peter Sajak und Henrik Simojoki, 51–63. Göttingen: Vandenhoeck & Ruprecht.

Simojoki, Henrik, Mouhanad Khorchide, Konstantin Lindner, Antje Roggenkamp und Clauß Peter Sajak. 2022. „Stereotype – Vorurteile – Ressentiments. Religionspädagogische Klärungen und Anregungen für interreligiöses und religionskooperatives Lernen." In *Stereotype – Vorurteile – Ressentiments. Herausforderungen für das interreligiöse Lernen*, hg v. Mouhanad Khorchide, Konstantin Lindner, Antje Roggenkamp, Clauß Peter Sajak und Henrik Simojoki, 225–237. Göttingen: Vandenhoeck & Ruprecht.

Simojoki, Henrik und Jonathan Kühn. 2020. „Anerkennungskultur und pädagogische Professionalität. Grundsätzliche und empirische Perspektiven auf eine komplexe Dimension schulischer Bildung von Geflüchteten." In: *Religion in der Schule. Pädagogische Praxis zwischen Diskriminierung und Anerkennung*, hg. v. Joachim Willems, 207–222. Bielefeld: transkript.

Unser, Alexander. 2021. „Über Möglichkeiten und Grenzen des Abbaus von Vorurteilen und Stereotypen durch interreligiöses Lernen." In *Stereotype – Vorurteile – Ressentiments. Herausforderungen für das interreligiöse Lernen*, hg. v. Mouhanad Khorchide, Konstantin Lindner, Antje Roggenkamp, Clauß Peter Sajak und Henrik Simojoki, 147–164. Göttingen: Vandenhoeck & Ruprecht.

Yegone Arani, Aliyeh. 2020. „Die multireligiöse Schule als Ort von Diskriminierung." In *Religion in der Schule. Pädagogische Praxis zwischen Diskriminierung und Anerkennung*, hg. v. Joachim Willems, 163–188. Bielefeld: transkript.

Willems, Joachim. 2011. *Interreligiöse Kompetenz. Theoretische Grundlagen – Konzeptualisierungen – Unterrichtsmethoden*. Wiesbaden: VS Verlag für Sozialwissenschaften.

Kollektiv *Decolonize Theology*: Jana Coenen, Lisa Koens, Antonia Meinert, Sarah Ntondele, Johanna Schade

„... denn sie hatten sonst keinen Raum in der Herberge"

Der Ort Postkolonialer Theologie in der Lehre

1 Einleitung

Wer zu spät kommt, muss in den Stall – eine Lehre, die aus der Weihnachtsgeschichte nach dem Lukas-Evangelium gezogen werden könnte.[1] Nach dieser Logik scheinen auch die Interkulturelle Theologie/Religionswissenschaft und mit ihr postkoloniale theologische Ansätze in der Lehre der deutschen Evangelisch-Theologischen Fakultäten behandelt zu werden. Zugegeben – Postkoloniale Theologie mit der Heiligen Familie zu vergleichen trifft es vermutlich nicht ganz. Wir wollen damit auf eine Argumentationsfigur aufmerksam machen, die in Debatten über die Integration postkolonialer Theologie in die Lehre immer wieder begegnet. Postkoloniale Theologie ist nicht der Heiland – erfährt jedoch genauso ob ihrer Ankunft in der Theologie immer wieder Zurückweisung und steht ebenso für die Sicht jener, deren Stimmen im Diskurs marginalisiert oder gar unsichtbar gemacht werden. Eine konkrete Argumentation, die häufig anzutreffen ist, wenn darauf aufmerksam gemacht wird, lautet: Die Studierenden seien aufgrund des jetzigen Zuschnittes des Studiums so ausgelastet damit, prüfungsrelevantes Wissen zu erlernen, dass kaum Raum für eine Behandlung dieses „Extrathemas" sei. Gleiches gelte für die Lehrpersonen – grundlegendes Wissen zu vermitteln sei ein so großer Teil der Arbeit, dass für Weiteres schlicht keine Zeit bleibe. Ziel dieses Beitrages ist es, diese und ähnliche Argumentationen zu problematisieren und ihnen ein anderes Narrativ entgegenzusetzen, welches ebenso als Grundlage für kritische Rückfragen und Reflexion verstanden sein will.

Wir beginnen mit der Darstellung der Eingebundenheit Postkolonialer und Interkultureller Theologie in die deutsche evangelische Universitätstheologie und unserer epistemologischen Positionierung, um den Standpunkt zu verdeutlichen, von dem aus wir sprechen (2.). Wie aus dieser Perspektive heraus Räume für postkoloniale Theologie im derzeitigen theologischen Curriculum geschaffen wer-

---

[1] Wir möchten uns bei allen Studierenden bedanken, die zu unseren Veranstaltungen kommen, uns unterstützen, ermutigen und deren Ideen uns und damit auch diesen Beitrag beeinflussen.

den können, stellen wir anhand unserer bisherigen Arbeit dar (3.) und schließen mit einer Zwischenbilanz und einem Ausblick (4.).

2 Profilierung

2.1 Der Platz der Interkulturellen und der Postkolonialen Theologie

Im Folgenden stellen wir zunächst unsere Perspektive auf die gegenwärtige Position postkolonialer Ansätze in der deutschen, *weißen*[2] Theologie dar. Solange globale Verflechtungen und die eigene Provinzialität ausgeblendet werden, dürfte postkoloniale Theologie weiterhin ein Randthema bleiben.

Denn in welchen deutschen, theologischen Fakultäten sind postkoloniale Themen oder zumindest Interkulturelle Theologie examensrelevant? Schließlich wurden und werden postkoloniale Fragen meist nur durch das Engagement einzelner Dozierender des Fachs Interkulturelle Theologie, das sich „von Beginn an mit den theologischen Entwürfen, der Christentumsgeschichte und der kirchlichen Praxis des ‚globalen Südens'" (Konz 2020, 15) befasst hat, eingebracht. Die postkolonialen Ansätze kamen und kommen insbesondere aus Ländern, „in denen das Christentum unter ehemals kolonialen Bedingungen durch westliche Missionen eingeführt worden ist" (Nehring 2019, 147). Jedoch ist die Relevanz postkolonialer Fragen auch in der Interkulturellen Theologie abhängig von den Dozierenden und nicht in den Studienordnungen festgelegt.

Die Struktur des Examens ermöglicht, dass postkoloniale Themen optional sind. Können sich Studierende den Luxus leisten, sich in ihrem Studium Themen zu widmen, die nicht examensrelevant sind? Im Folgenden zeigen wir exemplarisch anhand der Studienordnungen verschiedener theologischer Standorte, wie die Struktur des Theologiestudiums und Examens ermöglicht, dass das Engagement und die Bemühungen einzelner Dozierender der Interkulturellen Theologie unsichtbar gemacht werden können. Ebenso wird deutlich, dass alle Fächer sich daher postkolonialen Fragen widmen sollten.

Das Fach Interkulturelle Theologie hat, trotz seiner Etabliertheit als sechstes Fach der ev. Theologie noch immer an vielen Standorten einen geringen oder gar keinen Stellenwert. Die Studienordnung der Theologischen Fakultät der Universi-

---

[2] Mit der Verwendung des Wortes „weiß" (kursive Kleinschreibung) wird auf eine gesellschaftspolitische Norm und Machtposition verwiesen. *Weiße* Menschen müssen sich dabei selbst nicht als *weiß* oder privilegiert fühlen.

tät Tübingen wurde 2021 aktualisiert. Religionswissenschaft und Interkulturelle Theologie ist ein Sonderfach (EKU Tübingen 2010, 23). Diese können im Examen für die wissenschaftliche Hausarbeit oder als eine der mündlichen Prüfungen gewählt werden (EKU Tübingen 2021, 53), jedoch nur als einer von zwei Schwerpunkten – wenn die Studierenden dies beantragen (EKU Tübingen 2010, 28). In Göttingen wurde der Studiengang *Magister Theologiae* im Jahr 2022 neu verabschiedet. Judaistik, Religionswissenschaft und Interkulturelle Theologie sind zwar Pflichtmodule im Hauptstudium (GAU Göttingen 2022, 19), können im Examen jedoch gar nicht belegt werden (a.a.O., 12). Positive Gegenbeispiele, wie sie sich z. B. in Heidelberg, Hamburg und Halle finden, stellen immer noch eher eine Ausnahme als die Regel dar.

Laut Andreas Nehring wird die Interkulturelle Theologie „als ein Randbereich theologischer Reflexion in Deutschland wahrgenommen", und es werden die „Themen, die das Fach anspricht, in der Regel als marginal [...] und nicht zum Kernbereich theologischer Reflexion" gehörend angesehen (Nehring 2019, 149). Der „Beitrag der Interkulturellen Theologie [bestand bisher] eher darin, als Vermittlerin zwischen einer sich als ‚klassisch' verstehenden Theologie und anderen als ‚kontextuell' wahrgenommenen Theologien zu fungieren" (Konz 2020, 16). Zusätzlich wird der Interkulturellen Theologie meist alles zugeschoben, was unter dem Deckmantel „Interreligiöser Dialog" und „Christentum in der Zweidrittelwelt" läuft.

Die neu herausgegebene Studienordnung zeigt paradigmatisch, dass sich an der Struktur mancherorts bis heute nichts geändert hat und wenig dafür spricht, dass ein ernsthaftes Interesse besteht, etwas daran zu ändern. Die traditionelle, nicht unbedingt aber der Globalität des gegenwärtigen Christentums entsprechende Behauptung von Haupt- und Sonderfächern wird zementiert oder, um es in einer postkolonial-theoretischen Metapher auszudrücken, „mit der Schaffung einer Peripherie wird gleichzeitig ein Zentrum kreiert", „Deutungsmacht [wird] asymmetrisch verteilt", „das Zentrum naturalisiert und essenzialisiert [...] seine Position" und „verbirgt so seine eigene Provinzialität und Machtförmigkeit" (Gruber 2018, 24). Die Bildung von Fächern ist für die Theologie überlebensnotwendig gewesen, um ihre Existenzberechtigung und ihren Stellenwert in den akademischen Dominanz- und Ressourcenkämpfen während der Abgrenzung zwischen Naturwissenschaften und Geisteswissenschaften sowie der erstarkenden Auffassungen, dass Religion in der Moderne bald zu einem Randphänomen verkommen würde, zu verteidigen. Rechtfertigungs- und Leistungsdruck bestehen auch heute, obgleich sich diverse Dynamiken verschoben haben. Eine zentrale Frage, der es sich lohnt nachzugehen, lautet daher: zu welchem Preis werden diese Ab- und Begrenzungen aufrechterhalten?

2.2 „Postkolonial" oder „Dekolonial"?

Die Debatte zwischen „post-" und „dekolonial" wird, wie wir im Folgenden zeigen, teilweise sehr hitzig geführt. In diesem Beitrag wollen wir keine abschließende Entscheidung zwischen „postkolonial" und „dekolonial" treffen, wir bewegen uns meist in der Spanne zwischen unserem Namen und Ziel „Decolonize Theology" und unserem Sprechen über postkoloniale Theologie. Angestoßen durch den Fokus des Symposiums auf „Dekolonialität" werden wir im Folgenden auf einige Aspekte dieser beiden Begriffsverwendungen eingehen, um uns an bestimmten Stellen im Diskurs zu positionieren.

Postkoloniale Kritik muss in das Zentrum theologischen Nachdenkens rücken – das ist unser Grundanliegen (Decolonize Theology, Home). Darunter verstehen wir: Machtstrukturen sichtbar machen und somit entnaturalisieren, die Dezentralisierung der dominierenden Formen des Theologietreibens[3] und die Etablierung von bisher als kontextuell bezeichneten Theologien. All das führt langfristig zu Verschiebungen, Neubestimmungen und breiteren Aushandlungen der (akademischen) Wissensproduktion – ein unabgeschlossener Prozess und unser Verständnis von Dekonstruktion.

Oder anders gesagt: „Post-coloniality [means] a critique to developmentalism, to Eurocentric forms of knowledge, to gender inequalities, to racial hierarchies, and to the cultural/ideological processes that foster the subordination of the periphery in the capitalist world-system" (Grosfoguel 2011, 16).

Doch die Kritik an postkolonialen Ansätzen, insbesondere von „dekolonial" arbeitenden Theoretiker*innen, wird zunehmend lauter. Postkolonialen Studien wird oft vorgeworfen, weiterhin eurozentrisch zu sein, indem sie fast ausschließlich auf eurozentrische Epistemologien bauen. Die *Latin American Subaltern Studies Group* schreibt: „[of] the ‚four horses of the apocalypse', that is, Foucault,

---

[3] Es wäre zu kurz gegriffen, hier nur vom westlichen Theologietreiben zu sprechen, auch wenn die dominierenden Formen aktuell vor allem an Institutionen betrieben werden, die in den bislang stärkeren Industrieländern verortet sind. Das würde jedoch ein essenzialistisches Verständnis von „Westen" voraussetzen, das bereits durch die Kritik der sich als „dekolonial" arbeitend verstehenden Theoretiker*innen an „postkolonialen" Theoretiker*innen widerlegt wird, die, wie wir im Folgenden zeigen werden, den sogenannten „globalen Norden" oder – zum Teil synonym genutzt – „Westen" kritisieren. Diese Kritik ist gleichzeitig gegen Theoretiker*innen wie Spivak, Chakrabarty, etc. gerichtet, die aus dem ehemals kolonialen, protestantisch geprägten Indien kommen – nach dem binären Schema „globaler Süden" –, aber in den US oder UK arbeiten und lehren. Globale Verflechtungen aufzuzeigen bedeutet, dass die Binäre „Westen"/der Rest oder „Norden"/„Süden" auch in der Formulierung der Kritik hegemonialer bzw. dominanter Strukturen nicht sedimentiert werden dürfen. Das wurde uns im Verlauf unserer Arbeit bewusst, wir müssen uns aber dennoch immer wieder daran erinnern.

Derrida, Gramsci and Guha[...], three are Eurocentric thinkers while two of them (Derrida and Foucault) form part of the poststructuralist/postmodern Western canon" (Grosfoguel 2011, 2).

Walter Mignolo formulierte schon früh eine ähnliche Kritik und forderte, dass andere Epistemologien als Ausgangspunkt genutzt werden müssten, um ernsthaft „dekolonial" wirksam zu arbeiten. „The de-colonial shift, in other words, is a project of de-linking while post-colonial criticism and theory is a project of scholarly transformation within the academy" (Mignolo 2007, 452). Doch auch er schreibt zu akademischem Publikum und nutzt dabei koloniale Sprachen wie Spanisch oder Englisch, wodurch „de-linking" nicht möglich zu sein scheint (Maltese 2021, 371–72).[4] Auch neuere Arbeiten, wie die von Shameem Black, sprechen sich jedoch für die Verwendung des Begriffs Dekolonialität (anstatt Postkolonialität) aus, um ihr Projekt zu bezeichnen. Dies geht mit dem Anspruch einher, dass Dekolonialität mehr als nur eine vermeintlich abstrakte, akademische Analyse sei. Sie sei ein „transformativer Ansatz", der über die akademische Welt hinaus gesellschaftliche, ökonomische, politische und weitere repressive Strukturen verändern wolle (Black 2020, 13).

Genau das entspricht unserer Arbeitsdefinition von postkolonialer Theologie. „Dekolonial" und „postkolonial" gehen über starre Definitionen und Abgrenzungen hinaus. Doch postkoloniale Theorien sind in vielen gesellschaftswissenschaftlichen Fächern mittlerweile zumindest in Teilen etabliert und es wird exponentiell unter dem Label „postkolonial" veröffentlicht. Diese Etablierung könnte zur Abschwächung der Schlagkraft der Kritik geführt haben, wie es „dekoloniale" Theoretiker*innen monieren. Andererseits kann die Überladung des Begriffs[5] als konsequente Umsetzung dessen verstanden werden, was postkoloniale Theorie fordert und was „dekoloniale" Kritik an der vermeintlichen Etablierung „postkolonialer" Theorien kritisiert.

2.3 Epistemologische Positionierung

Mit dem kurzen Abriss aus 2.2 möchten wir folgende Aspekte verdeutlichen:

Erstens hat die Auseinandersetzung mit der Kritik „dekolonialer" Denker*innen uns vor Augen geführt, dass wir in der Art, wie wir arbeiten, stark durch

---

4 Es gibt jedoch auch Theoretiker*innen wie den postkolonial arbeitenden Theologen Rasiah S. Sugirtharajah, die schon früh die Spaltung von beiden Seiten aus kritisieren (vgl. Rivera 2013, 152–53.).

5 Damit spielen wir auf das Konzept des leeren Signifikanten an, das vor allem Andreas Nehring und Michael Bergunder für die Religionswissenschaft und Interkulturelle Theologie fruchtbar gemacht haben (Nehring 2006; Bergunder 2009; vgl. Maltese 2019, 12; Maltese und Strube 2021, 245–46).

Denker*innen, Theorien und Denkfiguren geprägt sind, die als „postkolonial"
bezeichnet werden. Allein wie wir diese Gegenüberstellung aufgebaut haben –
dass wir untersuchen, wer sich zu einem Begriff verhält oder abgrenzt, wer für
wen spricht, wer nicht repräsentiert wird usw. – müsste deutlich machen, dass
poststrukturalistische Theorien im Hintergrund stehen, die von einem an Foucault und Mouffe/Laclau angelehnten Diskursbegriff ausgehen. Aus diesem
Grund ist es uns wichtig, die Kritik, die anhand der Bezeichnung „dekolonial"
markiert wird, nicht abzutun, auch wenn die damit einhergehende Forderung
nach gänzlich anderen epistemologischen Grundlagen zunächst auszublenden
scheint, dass „there is no possibility of standing outside the discursive conventions
by which ‚we' are constituted, but only the possibility of reworking the very conventions by which we are enabled" (Butler 1995, 135; vgl. Maltese 2021, 369). Doch
„dekoloniale" Theoretiker*innen nehmen in der Formulierung ihrer Kritik diesen
Einwand ebenso vorweg (Mignolo 2007, 455), fordern aber dennoch andere epistemologische Grundlagen als die, derer sich postkoloniale Theoretiker*innen wie
Spivak bedienen. Dennoch muss genauso untersucht werden, wem „dekoloniale"
Ansätze die *Agency* absprechen und ob es nicht ebenso Binaritäten erzeugt, wenn
übergangen wird, dass globale Verflechtungen nicht erst seit der Jahrhundertwende und der Etablierung postkolonialer Theorien bestehen, sondern schon seit
dem ersten Kontakt der Kolonisierten und Kolonisierenden. So berechtigt die als
„dekolonial" markierte Kritik ist, so gefährdet ist auch sie, zu übersehen, wen sie
nicht repräsentiert. Zweitens wird aus dieser Selbstpositionierung deutlich, warum
wir uns bewusst nicht auf einen der Begriffe festlegen und stattdessen immer wieder unsere eigenen Abgrenzungen hinterfragen wollen. Besonders bezogen auf „dekoloniale" Theoretiker*innen und ihre Kritik befinden wir uns noch in diesem
Prozess, sympathisieren stellenweise mit der Schärfe ihrer Forderungen, haben
aber, wie angedeutet, Anfragen und Bedenken.

Drittens sind wir davon überzeugt, dass epistemologische Veränderungen
strukturelle, politische und ökonomische Änderungen bewirken können. Als Teil
des akademischen Systems möchten wir daher an dieser Stelle ansetzen, um Veränderungen anzustoßen.

Viertens verstehen wir diesen Beitrag sowie unsere Arbeit als Kollektiv als
Suchbewegung: eine Suche nach einem inklusiven, dynamischen Theologisieren,
das weder nur inner- noch außerhalb „der Box" denkt, sondern auf der Grenze[6], die
dadurch entnaturalisiert wird. Einige Erkenntnisse und Schritte dieser Suche stellen

---

6 In dieser Hinsicht sind wir, trotz der artikulierten Kritik an Mignolo, nicht mehr so weit von
seiner Aufforderung zu „border thinking" oder „border epistemology" (Mignolo 2007, 455) entfernt. Das unterstreicht, dass die Grenze zwischen der Kritik an „postkolonial", wie sie von Mignolo formuliert wird, und seiner Lesart von „dekolonial" nicht so starr ist.

wir in diesem Beitrag vor, nicht jedoch ein abgeschlossenes Konzept. Dies würde der Kritik postkolonialer und „dekolonialer" Theorien sowie unserer Arbeit widersprechen. Stattdessen wollen wir im Folgenden zeigen, wie die Einbindung „postkolonialer"/"dekolonialer" Kritik durch verschiedene kleine Stellschrauben möglich wird.

3 Räume für postkoloniale Theologie

3.1 Den Blick weiten – Studientage und Vernetzung

Ubuntu, laut Desmond Tutu eine vor allem in Südafrika gelebte Lebensphilosophie, die er maßgeblich auch theologisch fruchtbar machte, beschreibt aus seiner Sicht ein Konzept der Menschlichkeit oder des Menschseins, indem die Identität des Selbst als abhängig von und mit der Gemeinschaft gedacht wird: „A person depends on other persons to be a person" (Battle 2009, 3). Erst in der Beziehung zu anderen könne der Mensch die eigene Identität verstehen. Tutu griff auf Ubuntu zurück, um dem rassistischen Apartheid-System in Südafrika zu begegnen. Anti-koloniale Ansätze nehmen immer wieder Gemeinschaftsgedanken, wie den des hier formulierten Ubuntu, auf. Denn koloniale Kontinuitäten trennen Menschen voneinander, wie es im Kolonialismus angelegt wurde und weitestgehend im (sogenannten) westlichen Verständnis von Individualismus weitergetragen wird.

Inspiriert von dieser Kritik und unserem Plädoyer, postkoloniale Kritik in das Zentrum theologischen Nachdenkens zu rücken, entschieden wir uns dazu, einen ersten Studientag anzubieten. Wir nahmen uns als Studierende einen Raum, der zunächst neben dem regulären Universitätsalltag lag und gerade dadurch eine Chance zur Kommunikation zwischen den Menschen an der Fakultät bot. Zum Thema *Deutsche Theologie zwischen Postkolonialer Theologie und Dekolonisierung* kamen Studierende wie auch Lehrende zusammen, um in den Themenkomplex der postkolonialen Theorie einführendes Wissen vermittelt zu bekommen. Dieses Format legte den Grundstein für die nachfolgende Auseinandersetzung und zeigt, dass Studierende den universitären Alltag mitgestalten können. Es war auch die Unterstützung einzelner Professor*innen, die uns den Mut gab, einen so groß angelegten Studientag mit drei externen Referierenden zu organisieren. Um den nun geschaffenen Raum und die Bereitschaft zur Kommunikation nicht ersterben zu lassen, organisierten wir eine Abendveranstaltung, deren Fokus erst auf der Diskussion zwischen zwei Lehrenden und anschließend auf der Auseinandersetzung mit Studierenden lag. Unter dem Titel *Postcolonial Exegesis: A Method between Center and Margin?* begegneten sich Marcel Krusche, Wissenschaftlicher Mitarbeiter am Institut für Altes Testament in Hamburg, und Simon Wiesgickl, Wissenschaftlicher Mitarbeiter am Lehrstuhl für Religions- und Missionswissenschaften in Erlangen. Das Ziel der Veranstaltung war, Lehrende in einen Austausch darüber zu bringen, inwiefern die Geschichte heute vermittelter Forschungsmethoden ausgeblendet wird und wie damit umgegangen werden sollte.

Sie sprachen über die historisch-kritische Exegese – ihre Chancen, Schwächen und Grenzen. Es ging darum, wo eine postkoloniale Exegese ansetzen kann, welche Fragen sie stellt und vor allem darum, gemeinsam mit Lehrenden und nicht etwa gegen sie unseren Weg zu gestalten und unseren Forderungen näherzukommen.

Ein Impuls, der aus Tutus Ubuntu-Verständnis stammt, ist, dass in der Gemeinschaft die Kraft liege, unsere Welt zu gestalten. Auch deshalb sind wir davon überzeugt, dass starke Netzwerke unsere Arbeit unterstützen und wir von dem Wissen anderer profitieren dürfen. In dieser Perspektive gestalten wir unser internes Miteinander: Die Treffen des Kollektivs bieten einen Ort der Auseinandersetzung – über Themen und Personen, die unser Interesse wecken. Sie sind ein Ort, an dem wir einander frei(er) von dem, was häufig unter der Chiffre ‚kapitalistisch geprägter Individualismus' gefasst wird, begegnen dürfen.

Für die Überlegungen, wie der universitäre Alltag oder kirchliches Leben aus einer postkolonialen Perspektive gestaltet werden können, reichen einzelne Veranstaltungen bei weitem nicht aus. Wir versuchen vielmehr, mit unserer Arbeit dazu beizutragen, derartigen Perspektiven eine lautere Stimme zu verleihen.

3.2 Sichtbar machen – Social Media als Raum theologischer Bildung

Um Diskussionen über postkoloniale Reflexionen, die Machtgefälle, epistemische und strukturelle Gewalt sowie essenzialistische Kulturverständnisse wahrnehmen und anklagen, nicht nur in Lehrveranstaltungen zu führen, nutzen wir unsere Website und unseren Instagram-Account, um unsere Beschäftigung mit Postkolonialer Theologie für andere niedrigschwellig zugänglich zu machen und einen Gesprächsraum zu öffnen. Dabei haben sich verschiedene Formate herauskristallisiert:

Unser erstes Projekt *#Theologieteilen* ist aus dem Anliegen geboren, dem Ungleichgewicht, dass in Seminaren und Vorlesungen meist ausschließlich *weiße* europäische Theolog*innen gelesen werden, etwas entgegenzusetzen. Unter diesem Hashtag stellen wir Theolog*innen vor, die sich kritisch mit Rassismus, postkolonialer Theologie, Armut und weiteren Themen beschäftigen. Für uns ist es wichtig, dass es Personen sind, die allgemein als BIPoC[7] gelesen werden. Wir haben Theolog*innen wie Kwok Pui Lan, Rasiah S. Sugirtharajah, Musa W. Dube, Mary John Manazan und Leonardo Boff vorgestellt sowie das theologische Konzept *Reweaving the Ecological Mat Framework* (Bird, Saiki und Ratunabuabua 2020) aus dem Pazifik.

Dabei geht es uns nicht darum, dass wir der deutschen, *weißen* Theologie BIPoC Theolog*innen aus der Zweidrittelwelt gegenüberstellen wollen, die neben den „Klassikern" gelesen werden. Ein solches Vorgehen könnte dazu führen, dass diese erneut exotisiert und als Stellvertreter*innen für ihren Kontext rezipiert werden. Unser Anliegen ist, dass der eigene Blick geweitet wird und ein Bewusstsein dafür entsteht, dass Theologie überall auf der Welt betrieben wird. Somit eröffnet sich die Möglichkeit, dass diese Theolog*innen nicht separat voneinander gelesen werden können oder die postkoloniale Position als Bonus in der letzten Sitzung erscheint, sondern dass Theologie viel mehr und ineinander verflochten ist. Denn es ist eine Illusion des kolonialen Denkens, unabhängig von den weltweiten Diskursen Theologie betreiben zu können.

An dieser Stelle möchten wir ein Beispiel für diese Verflechtung nennen. Letztes Jahr haben wir zu Karfreitag ein Bild bei Instagram gepostet, auf dem ein Baum mit einer Schlinge zu sehen war, der Schatten des Baumes zeigt ein Kreuz[8]. Dieses Bild bezog sich auf James Cone und sein Buch *The Cross and the Lynching Tree* (Cone 2013). Cone gilt als einer der wichtigsten Vertreter*innen der Black Theology. Doch anschließend stießen wir auf Delores Williams, die maßgeblich zur Entwicklung der womanistischen Theologie beigetragen hat. Sie kritisiert mit ihrer Position einerseits den *weißen*, kolonialen Feminismus, andererseits aber auch Theologen wie James Cone, die nur aus einer männlichen Perspektive schreiben (Williams 1993, 128). Das Beispiel zeigt, wie unterschiedliche Diskurse auf uns einwirken, zu denen wir uns verhalten und in denen wir theologisch reflektieren (ohne ihnen gänzlich entrinnen zu können).

Am darauffolgenden Ostersonntag posteten wir ein Bild mit einem Schwarzen, auferstandenen Christus[9], verbunden mit mehreren Zitaten von Cone. Im ersten Kommentar bedankte sich eine Person für die seltene und besondere Darstellung. Der zweite Kommentar lautete: „Seit wann sind Hebräer schwarz?" Dass es eine derartige Reaktion bei einem *weißen* Jesus über Jahrhunderte nicht gab, hat uns darin bestätigt, dass das, was wir tun und wozu wir beitragen wollen, wirklich wichtig ist.

---

7 Black, Indigenous and People of Color.
8 Bildverweis: https://www.lakemerrittumc.org/2020/06/10/june-14-2020/ (zuletzt aufgerufen am 18.03.2023).
9 Bildnachweis: https://www.pinterest.de/pin/219972763024182084/ (zuletzt aufgerufen am 18.03.2023).

Das Projekt *#Theologieteilen* bietet das Potenzial, über die eigenen Grenzen hinauszublicken. Beispielsweise lenkt die *Queer of Colour*-Theorie von José Munoz (1999) den Blick auf das Verhältnis von Queerer Theologie und Postkolonialer Theologie. Dabei begleitete uns die Frage, wie diese Theologien sich gegenseitig ihre Marginalisierungsmechanismen und Selbstverständlichkeiten, die Asymmetrien unsichtbar machen, offenbaren können. Durch dieses Projekt und die folgenden wird deutlich, dass es nicht nur bedeutend ist, Theolog*innen zu rezipieren, die postkolonial arbeiten, sondern dass Dekolonialität und Postkolonialität auch in sich performative, kritische Ansätze sind.

Mit dem Projekt *#kurzgesagt* versuchen wir Fragen wie – Was bedeutet das „post" in post(-)kolonial? Was bedeutet der Begriff Mimikry von Homi K. Bhabha? – kurz und griffig zu erklären. Denn wir finden, dass ein Einstieg in postkoloniale Wissenschaft leicht überfordern kann – es gibt so viele Begriffe und Konzepte, deren Bedeutungen nicht unmittelbar verständlich sind. Unter dem Hashtag *#nachgelesen* teilen wir thematisch passende Literatur als Anregung für eine eigene weitere Vertiefung.

#hater/sienichtgesagt: Erst durch die Auseinandersetzung mit postkolonialen Theorien wird deutlich, wie sehr die Inhalte des theologischen Studiums vom kolonialen Zeitalter geprägt sind. Aus diesem Grund ist es bedeutend, die „Klassiker" zu reflektieren, die Denker*innen, die als Grundlagen im Theologiestudium zu lesen sind, wie z. B. Karl Barth, Friedrich Schleiermacher, Immanuel Kant, aber auch Dietrich Bonhoeffer. In den Werken dieser Denker*innen findet sich oft sexistisches, rassistisches, koloniales und auch antisemitisches Gedankengut. Dieses darf unserer Meinung nach nicht verschwiegen werden, wenn sich wissenschaftlich mit der Gedankenwelt dieser Menschen befasst wird. Weiterhin ist es wichtig, nicht außer Acht zu lassen, was diese Texte in Menschen auslösen können, die Rassismus in ihrem Alltag erleben. Eine BPoC Theologiestudentin beschrieb ihr Erleben mit einem Glaubenssatz Schleiermachers in einem Seminar folgendermaßen:

> Wir lesen in § 7 und 8 über sich entwickelnde Religionsformen, bei denen das Christentum die Vollkommenste darstelle. Außerdem scheint eine Verknüpfung der Religionsformen mit der Kategorisierung von Menschen zwischen den Zeilen mitzuschwingen.
>
> „Denn immer und überall ist dieser Glaube [...], bestrebt sich weiter zu verbreiten und die Empfänglichkeit der Menschen aufzuschließen; welches auch, wie wir sehen, zuletzt selbst bei den rohesten Menschenstämmen und unmittelbar vom Fetischismus aus ohne Durchgang durch die Vielgötterei gelingt" (Schleiermacher [1830] 1981, 69).
>
> „Roheste Menschenstämme" ist das Einzige, was in meinem Kopf widerklingt. Wir lesen weiter, sprechen über verschiedene Zustände des religiösen Selbstbewusstseins. Springen niemand anderem diese Zeilen so ins Auge? Keine kritische Einordnung, keine Positionierung durch den Dozenten. Nur die gewaltvolle Erfahrung durch den Text, der die

Erinnerung an die un-aufgearbeitete theologische Kolonialgeschichte in mir hervorruft und die Angst, was mich in den nachfolgenden Paragraphen erwartet.

Aus derartigen Erfahrungen entstand das Projekt *#hat er/sie nicht gesagt*. Wir veröffentlichen eher weniger bekannte und weniger angenehme Zitate großer Denker*innen, wie zum Beispiel das oben genannte Zitat von Schleiermacher. Nach der Darstellung des Zitats folgt eine kurze Historisierung und die weitere Rezeption des*der Denkers*in zu dem jeweiligen Thema. Es ist uns wichtig zu betonen, dass wir nicht die Absicht haben, die benannten Theolog*innen und Philosoph*innen aus dem Lehrplan zu streichen. Wir möchten stattdessen die Traditionen, in denen wir verortet sind und uns zu verorten lernen und damit auch unser eigenes Denken, kritisch auf ihren kolonialen Hintergrund, unhinterfragte Selbstverständlichkeiten und vermeintliche Alternativlosigkeiten hin überprüfen.

Im Projekt *#takeover* geben wir Dozierenden, welche mit postkolonialen, feministischen und befreiungstheologischen Ansätzen arbeiten, eine Bühne, um deren Arbeit für interessierte Studierende niedrigschwellig zugänglich zu machen.

3.3 Integrieren – Ansätze für die Lehre

Während im Fach Religionswissenschaft und Interkulturelle Theologie postkoloniale Ansätze schon länger in der Lehre etabliert sind, finden sie in den anderen Fächern bisher kaum einen Ort. Mit dem bisher Gesagten hoffen wir, auch für Dozierende, die unter dem Eindruck der mangelnden Zeit für die angesprochenen Themen stehen, aufgezeigt zu haben, wie viel Spielraum für neue Perspektiven im Universitätsalltag besteht, der von Studierenden gefüllt werden kann. Hier reicht es oftmals, Impulse zu geben oder Initiativen Studierender zu unterstützen. Durch den Studienabschluss einiger Mitglieder der Gruppe und deren Wechsel in Wissenschaft und Verkündigung konnten und können wir bereits erste Erfahrungen damit sammeln, wie sich die Situation aus Perspektive der Lehrenden und der Pfarrpersonen zeigt. Damit stehen wir nun vor der Herausforderung, das, was wir als Studierende gefordert haben, auch selbst einzulösen.

Wir stehen dabei noch am Anfang und verstehen unsere Praxis als Suchbewegung. Diesen Prozess illustrieren wir mit einem systematisch-theologischen Proseminar, das im Sommersemester 22 stattfand. Mit Dietrich Bonhoeffer stand in dem Proseminar ein Theologe im Zentrum, der als Klassiker der deutschen Theologie bezeichnet werden kann. Anhand dieser Figur kirchlicher Selbstidentifikation sollte gezeigt werden, dass vertraute Narrative manchmal Wichtiges ausblenden, um den Blick der Studierenden für die globalen Verflechtungen theologischen Denkens zu weiten. Nachdem die Teilnehmenden sich anhand der Lektüre von

Sekundärtexten einen Eindruck über das dominierende Narrativ der theologisch-ethischen Entwicklung Bonhoeffers verschaffen konnten, lasen sie Originaltexte von ihm selbst aus seiner Zeit in Barcelona (Bonhoeffer 1991, 323–345) und von der Fanoe-Konferenz (Bonhoeffer 1994, 298–301). Die Wandlung Bonhoeffers von einem Theologen mit nationalistischen Tendenzen zum leidenschaftlichen Gegner des Nationalsozialismus wurde hier deutlich. Anhand des Werkes *Bonhoeffer's Black Jesus* von Reggie Williams (2021) konnte dieser Sinneswandel mit den Erfahrungen des jungen Bonhoeffers mit der Harlem Renaissance-Bewegung in seiner Zeit in New York in Verbindung gebracht werden. Durch die christliche Rassismuskritik der Schwarzen Künstler*innen könnte Bonhoeffer eine neue Perspektive auf seine Religion erhalten haben.

Damit wurde ein exemplarischer Ort geschaffen, von dem aus Studierende über Themen wie Positionalität und Sichtbar- oder Unsichtbarmachen der Einflüsse anderer Denker*innen auf theologische Entwürfe Einzelner diskutieren konnten. Auf diesem Wege wurden Themen postkolonialer Ansätze in das Proseminar eingebunden, ohne es explizit diesen Ansätzen und Theorien zu widmen. Vielmehr wird hier unseres Erachtens besonders deutlich, welche wertvolle Korrektur die gängige Darstellung der theologischen Entwicklung Bonhoeffers durch das Aufzeigen seiner globalen Eingebundenheit erfahren konnte und wie stark er durch die Gedanken Schwarzer Theolog*innen beeinflusst war. Das Beispiel Bonhoeffers verdeutlicht erneut, dass „westliche" Theologie eine Illusion ist, die sich nicht selten einer nordatlantisch-eurozentrischen Perspektive verdankt und oft mit dem Anspruch einhergeht, dass „der Westen" dem „Rest" überlegen sei (sichtbar auch schon in Semantiken wie „Entwicklungshilfe"). Die Untersuchung von globalen geistesgeschichtlichen Verflechtungen hilft hierbei, derartige Ansprüche zu problematisieren und zu kritisieren.

Diese Verflechtungen offenzulegen und mitzudenken – das ist zumindest unsere Überzeugung – ist ein Schritt in Richtung einer Reprovinzialisierung Europas im Sinne Dipesh Chakrabartys und damit ein Schritt auf dem Weg deutscher Theologie, facettenreicher und kommunikativer zu werden.

Im Pfarramt bietet sich vielfach die Gelegenheit, eine postkoloniale Perspektive für die Verkündigung fruchtbar zu machen: zum einen konkret im Organisieren und Anbieten von Workshops zu Themen wie Antirassismus oder Kolonialismus, aber auch im Gottesdienst, wenn Bibelübersetzungen hinterfragt und manche Lieder aus dem Gesangbuch ins Archiv verbannt werden können. Gerade hier bietet sich großes Potenzial, sensibilisiert durch postkoloniale Theologie, die Kirche zu einem einladenden Ort für alle zu machen.

4 Zwischenbilanz und Ausblick

Zusammenfassend lässt sich sagen, dass die Einbeziehung postkolonialer Perspektiven in den theologischen Lehrbetrieb an deutschen Universitäten ein entscheidender Schritt ist, um ein umfassenderes und differenzierteres Verständnis der globalen Verflechtung der theologischen Geschichte zu erlangen. Diese Perspektiven bieten wertvolle Einblicke in die Art und Weise, wie *weiße* westliche theologische Traditionen oft kolonialistische und unterdrückerische Systeme aufrechterhalten haben und noch heute perpetuieren, und stellt ein notwendiges Korrektiv zu dem engen, eurozentrischen Fokus dar, der das Fach viel zu lange dominiert hat. Indem sie diese kritische Perspektive einnehmen, können Theologiestudierende und -lehrende gleichermaßen ein tieferes Verständnis dafür entwickeln, wie christliche Theologie als Kraft für soziale Gerechtigkeit und Befreiung dienen kann, statt als Werkzeug der Teilhabe-verwehrenden Dynamiken und Ausgrenzungen. So kommt postkoloniale Theologie nicht als etwas Neues hinzu, sondern wird zum Werkzeug, das eigene Fach besser in seiner Komplexität und Gewordenheit zu verstehen.

Theologie ist keine Herberge und postkoloniale Theologien nicht die heilige Familie. Und doch haben wir den Vergleich nicht beliebig gewählt – die Welt aus der Sicht der Marginalisierten zu betrachten ist, aus unserer Sicht, die Botschaft Christi, die wir in der deutschen evangelischen Theologie zu verstehen und darzustellen suchen. Postkoloniale Ansätze dürften dazu beitragen, Stimmen in unserer Tradition des Theologisierens sichtbar zu machen, die wie oben argumentiert marginalisiert, wenig sichtbar oder gänzlich unsichtbar sind. Dies zeigt sich bereits innerhalb der Entwicklung des Faches Religionswissenschaft und Interkulturelle Theologie. Deshalb bieten postkoloniale Ansätze unseres Erachtens für die gesamte Theologie eine Möglichkeit, die Texte, mit denen wir gelernt haben, theologisch zu denken, und unser eigenes Theologisieren entsprechend, kontinuierlich kritisch zu hinterfragen – und zwar indem wir dazu beitragen, die Situiertheit unseres theologischen Denkens zu reflektieren, die sich ihrerseits globalen Verflechtungen verdankt. Auf diese Weise können wir zu einem lebendigen und dynamischen wissenschaftlich-theologischen Diskurs beitragen, der performativ auch das nachvollzieht, was wir als „Botschaft Christi" bezeichnet haben.

Literatur

Battle, Michael. 2009. *Ubuntu. I in You and You in Me.* New York: Seabury Books.
Bergunder, Michael. 2009. „Der ‚Cultural Turn' und die Erforschung der weltweiten Pfingstbewegung." *Evangelische Theologie* 69(4): 245–69.

Bird, Cliff, Arnie Saiki und Meretui Ratunabuabua. 2020. *Reweaving the Ecological Mat Framework, Toward an Ecological Framework for Development*. Suva: The Pacific Theological College.

Black, Shameem. 2020. „Decolonising Yoga." In *Routledge Handbook of Yoga and Meditation Studies*, hg. v. Suzanne Newcombe und Karen O'Brien-Kop, 13–21. London: Routledge.

Bonhoeffer, Dietrich. 1991. „Grundfragen einer christlichen Ethik." In *Barcelona, Berlin, Amerika. 1928–1931*, Dietrich Bonhoeffer Werke 10, hg. v. Reinhart Staats et. al., 323–345. München: Chr. Kaiser Verlag.

Bonhoeffer, Dietrich. 1994. „Rede auf der Fanoe-Konferenz." In *London. 1933–1935*, Dietrich Bonhoeffer Werke 13, hg. v. Hans Goedeking et. al., 298–301. München: Chr. Kaiser Verlag.

Butler, Judith. 1995. „For a Careful Reading." In *Feminist Contentions*, hg. v. Seyla Benhabib et. al., 127–143. New York: Routledge.

Cone, James. 2011. *The Cross and the Lynching Tree*. Maryknoll: Orbis Book.

Decolonize Theology. 2021. „Home." *decolonizetheology*. https://decolonizetheology.jimdosite.com/ (zuletzt eingesehen am 25. März 2023).

Decolonize Theology. „Decolonize Theology (@decolonizetheology)." *Instagram*. https://www.instagram.com/decolonizetheology/ (zuletzt eingesehen am 25. März 2023).

Eberhard Karls Universität Tübingen. Evangelisch-Theologische Fakultät. 2010. *450. Kirchliche Verordnung für den Studiengang ‚Evangelische Theologie: Kirchlicher Abschluss' (Prüfungsordnung I – PO I). Stand 15.10.2018*.

Eberhard Karls Universität Tübingen. Evangelisch-Theologische Fakultät. 2021. *Modulhandbuch. Kirchlicher Abschluss (PO I [2010]) Evangelische Theologie. ab Wintersemester 2020/21*.

Georg-August-Universität Göttingen. 2022. *Prüfungs- und Studienordnung für den Studiengang ‚Magister Theologiae' der Georg-August-Universität Göttingen*.

Grosfoguel, Ramón. 2011. „Decolonizing Post-Colonial Studies and Paradigms of Political-Economy: Transmodernity, Decolonial Thinking, and Global Coloniality." In *TRANSMODERNITY: Journal of Peripheral Cultural Production of the Luso-Hispanic World* 1. https://escholarship.org/uc/item/21k6t3fq (zuletzt aufgerufen am 12.03.2023).

Gruber, Judith. 2018. „Wider die Entinnerung. Zur postkolonialen Kritik hegemonialer Wissenspolitiken in der Theologie." In *Postkoloniale Theologien II. Perspektiven aus dem deutschsprachigen Raum*, hg. v. Andreas Nehring und Simon Wiesgickl, 23–37. Stuttgart: Kohlhammer.

Konz, Britta. 2020. „Postkolonialismus und Interkulturelle Theologie in Deutschland: Einleitende Verortungen." In *Postkolonialismus, Theologie und die Konstruktion des Anderen / Postcolonialism, Theology and the Construction of the Other: Erkundungen in einem Grenzgebiet / Exploring Borderlands*, hg. v. Britta Konz, Bernhard Ortmann und Christian Wetz, 8–22. Leiden: Brill.

Maltese, Giovanni. 2019. „Towards A Poststructuralist Approach To Religion. A Response To ‚The Label of „Religion": Migration And Ascriptions Of Religious Identities In Contemporary Europe' And A Critique Of ‚Multiple Religious Identities'." *FIW Working Paper* 12.

Maltese, Giovanni. 2021. „Islam Is Not a ‚Religion' – Global Religious History and Early Twentieth-Century Debates in British Malaya." *Method & theory in the study of religion* 33: 345–380.

Maltese, Giovanni und Julian Strube. 2021. „Global Religious History." *Method & Theory in the Study of Religion* 33(3/4): 229–257.

Mignolo, Walter D. 2007. „DELINKING: The Rhetoric of Modernity, the Logic of Coloniality and the Grammar of de-Coloniality." *Cultural Studies* 21(2/3): 449–514.

Munoz, José Esteban. 1999. *Disidentifications: Queers of Color and the Performance of Politics*. Minneapolis: University of Minnesota Press.

Nehring, Andreas. 2006. „Religion und Gewalt – ein leerer Signifikant in der Religionsbeschreibung. Überlegungen zur religionswissenschaftlichen Theoriebildung." In *Religion, Politik und Gewalt*, Veröffentlichungen der Wissenschaftlichen Gesellschaft für Theologie, hg. v. Friedrich Schweitzer, 809–821. Gütersloh: Gütersloher Verlagshaus.

Nehring, Andreas. 2019. „Postkolonialismus – und was dann?" *Interkulturelle Theologie* 45(2/3): 147–165.

Williams, Reggie. 2021. *Bonhoeffer's Black Jesus. Harlem Renaissance and the Ethic of Resistance*. Waco: Baylor University Press.

Rivera, Mayra Rivera. 2013. „Ränder und die sich verändernde Spatialität von Macht. Einführende Notizen." In *Postkoloniale Theologien: Bibelhermeneutische und kulturwissenschaftliche Beiträge*, hg. v. Andreas Nehring und Simon Tielesch, 149–164. Stuttgart: Kohlhammer Verlag.

Schleiermacher, Friedrich. 2008. *Der christliche Glaube nach den Grundsätzen der evangelischen Kirche im Zusammenhange dargestellt, zweite Auflage (1830/31), erster und zweiter Band*, hg. v. Rolf Schäfer. Berlin: Walter de Gruyter.

Williams, Delores. 1993. *Sisters in the Wilderness: The Challenge of Womanist God Talk*. Maryknoll: Orbis Book.

www.ingramcontent.com/pod-product-compliance
Lightning Source LLC
Chambersburg PA
CBHW021957290426
44108CB00012B/1101